KB198549

한 권으로 읽는
어린이 한국사

한 권으로 읽는
어린이 한국사

개정판 1쇄 발행 · 2015년 4월 15일
개정판 8쇄 발행 · 2025년 2월 28일

글쓴이 · 장개충 **그린이** · 이진우
편 집 · 박민희 **디자인** · 조미리
펴낸이 · 김표연
펴낸곳 · (주)상서각
등 록 · 2015년 6월 10일 (제25100-2015-000051호)
주 소 · 경기도 고양시 일산동구 성현로 513번길 34
전 화 · (02) 387-1330
F A X · (02) 356-8828
이메일 · sang53535@naver.com
ISBN 978-89-7431-530-6(37900)

• 잘못된 책은 바꾸어 드립니다.

| **사진제공** |
국립중앙박물관, 국립민속박물관, 국립공주박물관,
전쟁기념관, 원광대학교박물관, 위키피디아

한 권으로 읽는 어린이 한국사

장개충 글 | 이진우 그림

상서각

한국사를 배우는 우리 어린이들에게

반만 년이라는 유구한 역사를 가진 우리 민족은 반도라는 지리적 특성 때문에 예로부터 외세의 침략을 많이 받아 왔습니다. 대륙으로는 요·금·청·명·원 등 오랑캐의 침입이 끊이지 않았고, 바다에서는 왜구들이 노략질을 일삼으며 우리 민족을 괴롭혀 왔습니다.

그러나 그런 어려움 가운데서도 우리 조상들은 놀라운 지혜와 용기, 강인함으로 반만 년의 역사를 꾸준히 지켜 왔습니다. 그리고 조상들의 그 정신적 힘은 오늘날 우리에게 소중한 유산으로 남겨져 우리에게 많은 것을 일깨워 주고 있습니다.

이 책은 우리 민족의 시조인 단군에서부터 현대에 이르기까지 우리의 역사를 한번에 훑어볼 수 있도록 엮은 것입니다.

여자가 된 곰, 알에서 태어난 주몽, 우리나라 최초의 여왕인 선덕 여왕, 고려를 건국한 왕건, 조선을 세운 이성계, 그리고

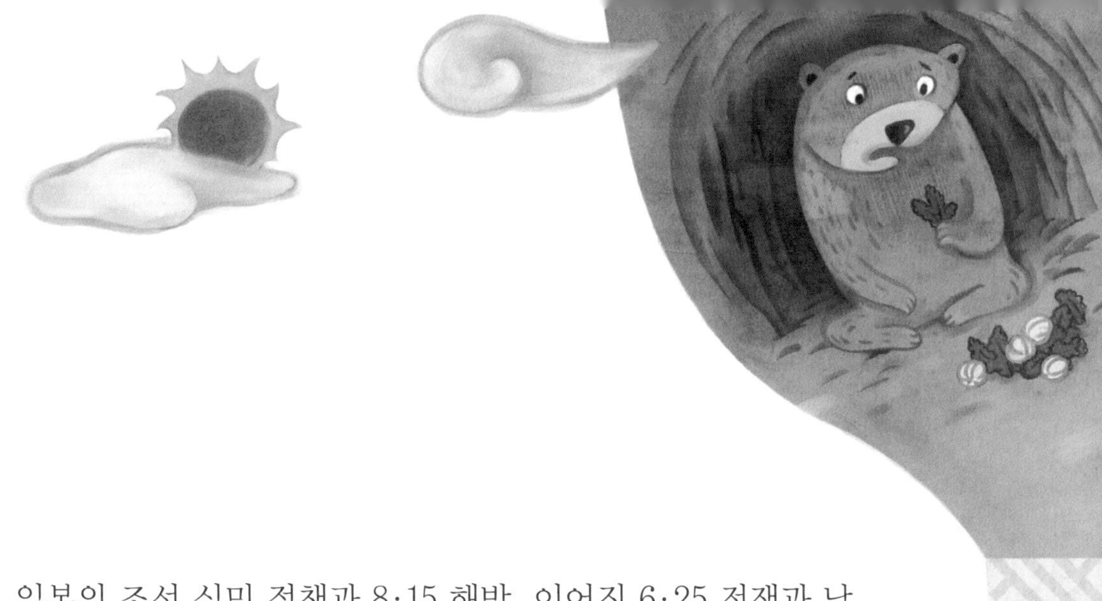

일본의 조선 식민 정책과 8·15 해방, 이어진 6·25 전쟁과 남북 분단, 그리고 그 이후의 우리나라의 경제와 민주주의의 발전, 평화 통일을 위한 노력 등 우리 민족이 걸어온 역사를 시대별로 생생하게 더듬어 볼 수 있습니다.

아무쪼록 이 책을 통해 우리 어린이들이 우리 민족의 소중한 역사를 바로 알고, 또한 역사 속 우리 조상들에게서 지혜와 용기, 강인함을 배워 자신뿐 아니라 우리 민족의 미래를 환히 밝히는 멋진 주역들이 되기를 바랍니다.

| 글 읽는 순서 |

1 고조선

2 고구려

3 백제

4 신라

5 통일 신라

6 발해

7 후삼국

8 고려

9 조선

10 대한 제국

11 근현대

역사를 잊은 민족에게 미래는 없다.

– 단재 신채호, 독립운동가

1장 고조선

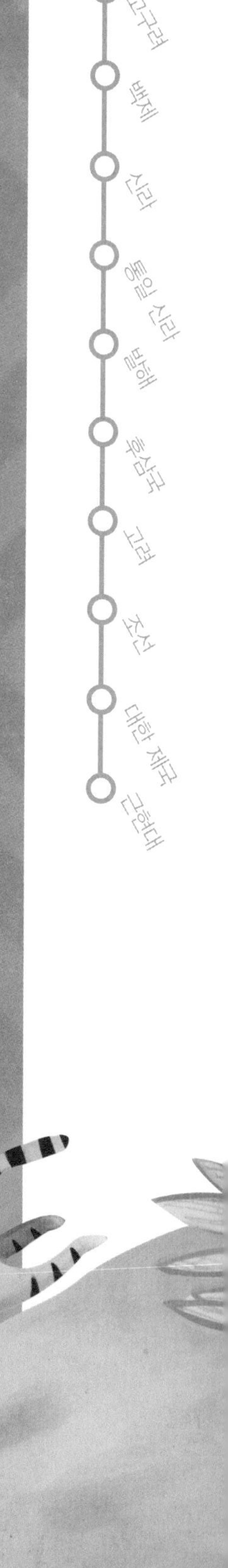

건국

기원전 2333년, 남만주와 요동 일대에서 청동기 문화를 바탕으로 성장해 온 환웅 부족은 토착 세력인 곰 부족과 결혼을 통해 결합하는 데 성공하여 새로운 국가를 건설하였습니다. 그리고 국호를 '고조선'이라 하였습니다.

환웅 부족은 상당히 발달된 농사 기술과 다양한 농기구 사용법을 알고 있었으며, 농사, 질병, 형벌을 주관하는 관리가 있었습니다. 뿐만 아니라 고도의 정치 능력을 갖추고 있었으며, 스스로를 하늘에서 내려온 '천신족'이라 내세웠습니다. 이런 환웅 부족의 발달된 사회 문화와 정치력, 농경 기술은 곰 부족의 많은 인적·물적 자원과 효율적으로 결합하여 고조선이 발전할 수 있는 큰 원동력이 되었습니다.

농경 발달

돌도끼, 곰배괭이, 갈돌판, 반달돌칼을 이용하여 조, 피, 수수 등 밭작물을 재배하였으며, 벼를 수확하는 곳도 있었습니다. 또한 청동기 문화가 발달함에 따라 석기 농기구도 농사에 더욱 이롭게 제작되어 많은 수확물을 얻게 되었습니다.

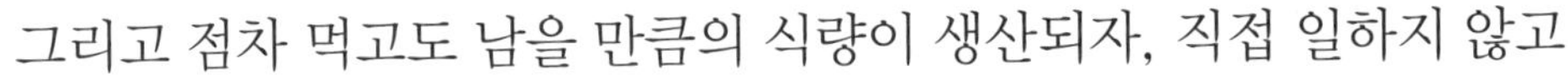

그리고 점차 먹고도 남을 만큼의 식량이 생산되자, 직접 일하지 않고

도 다른 사람을 지배하여 수확물을 얻을 수 있음을 깨달은 사람들은 힘으로 다른 사람을 지배하기 시작했습니다. 이렇게 하여 계급이 등장하고, 사유 재산이 발생하였습니다.

특히 힘을 바탕으로 한 농사는 사회 체계에도 변화를 가져왔습니다. 남자는 사냥, 여자는 채집을 하며 먹이를 찾아 헤매던 이전과는 달리 남자들의 힘이 농사에 절대적으로 필요하게 되자, 남성 중심으로 사회가 운영되었습니다. 그러자 지배층의 남성들은 더 많은 재산과 노예를 확보하기 위해 다른 부족과 전쟁을 일으켰으며, 무기도 제작하였습니다.

순장 제도

높은 지위와 강한 권력을 가진 지배층 사람들은 죽은 후에도 현세와 같은 생활을 계속 누릴 수 있도록 죽을 때 많은 사람을 함께 묻는 '순장'을 제도화했습니다. 강상 지역에서 발견된 무덤에서는 140여 명의 유골이 나오기도 하였습니다.

8조 법금

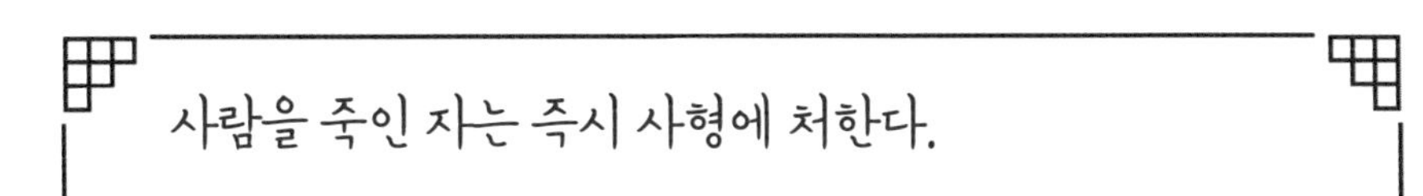
사람을 죽인 자는 즉시 사형에 처한다.

남에게 상처를 입힌 자는 곡식으로써 보상하여야 한다.
남의 물건을 도둑질한 자는 노비로 삼는다.
도둑질한 자가 죄를 벗으려면 50만 전의 돈을 내야 한다.
⋮

강력한 처벌 규정으로 백성을 단속한 8조법은, 사유 재산제가 발달하고 빈부의 격차가 커지면서 지배 계급과 피지배 계급 간의 갈등이 커지자, 지배층이 자신의 재산과 지위를 보호하기 위해 만든 것입니다.

8조 법금은 고조선의 기본 법률로서 중국의 반고가 지은 《한서지리지》에 전해져 내려오고 있습니다.

단군 왕검

하늘 나라의 왕 환인의 아들 환웅은 인간 세상을 탐내다가 마침내 아버지의 허락을 받고 인간 세상으로 내려가게 되었습니다. 환웅은 천부인 3개(바람과 비와 구름을 다스리는 풍백·우사·운사)를 얻어 3천 명의 무리를 이끌고 태백산 신단수 아래로 내려왔습니다. 그리고 그곳을 '신시'라 하고 인간 세상을 다스려 나가기 시작했습니다. 환웅은 바람, 비, 구름을 관장하는 산위 태백을 거느리며 농사를 잘 짓도록 알맞은 날씨와 비를 내리게 하고, 목숨, 질병, 형벌, 선악 등 인간 세상의 360가지 일을 관리했습니다.

그런데 어느 날 환웅 앞에 곰과 호랑이가 나타나 인간이 되게 해 달라고 애원했습니다. 환웅은 두 짐승을 불쌍히 여겨 마늘과 쑥을 주면서, 그것을 먹고 백 일 동안 햇빛을 보지 않으면 인간이 될 수 있다고 가르쳐 주었습니다. 그러자 곰과 호랑이는 동굴 속으로 들어가 마늘과 쑥을 먹으며 견디었습니다.

그러나 참을성 없는 호랑이는 참다 못해 도중에 동굴을 뛰

단군왕검 한민족의 시조로 받드는 고조선의 첫 임금

쳐나가 버렸습니다. 그리고 곰은 백 일을 견디어 드디어 인간, 여자가 되었습니다.

환웅은 웅녀의 인내심에 감탄하며 그를 아내로 맞이했습니다. 그리고 얼마 후 둘 사이에 아들이 태어나니, 그가 바로 단군왕검입니다. 단군은 자라서 평양성에 도읍을 정하고 나라 이름을 '고조선'이라 하였습니다.

단군왕검은 '널리 인간을 이롭게 한다'는 뜻의 '홍익 인간'을 건국 이념으로 하여 1500년 동안 나라를 다스리다 위만에게 고조선을 넘겨주고, 아사달 산 속으로 들어가 산신이 되어 1908살까지 살았다고 합니다.

단군의 건국 신화는 《삼국유사》, 《제왕운기》, 《세종실록지리지》, 《동국여지승람》, 《응제시주》 등에 기록되어 전해지고 있습니다.

위만 조선

기원전 194년, 천 명의 무리를 이끌고 연나라에서 고조선으로 망명해 온 위만은 한나라와 고조선의 갈등 관계를 교묘히 이용해 준왕을 몰아내고 새 왕조를 세웠습니다. 위만은 연나라에서 망명해 오긴 했지만, 머리에 상투를 하였고, 고조선의 옷을 입고 있었다고 합니다.

위만은 고조선의 전통적인 법률, 문화, 관습을 그대로 유지하면서 세력을 팽창시켜 나갔습니다. 그는 청천강 이남, 한강 이북의 땅과 동해안의 함남, 강원 지역까지 세력을 뻗쳤습니다.

멸망

중국 최초의 통일 제국 진나라가 무너지고 패권을 이어받은 한나라는 강력한 중앙 집권 정치를 펼쳐 민심 수습에 주력하였습니다.

한나라 무제는 사신 섭화를 고조선에 파견하여 고조선이 한나라의 속국이 될 것을 요구했습니다. 그러나 고조선의 우거왕은 이를 강력히 거절하였습니다. 그러자 사신 섭하는 돌아가는 길에 배웅 나온 고조선 장수를 살해하고 도망쳤습니다.

그 후 사신 섭하는 그 공을 인정받아 요동 도위로 부임해 왔습니다. 이 소식을 전해 들은 우거왕은 요동에 군대를 보내어 섭하를 살해했습니다. 그러자 이에 분노한 한나라 무제는 고조선을 침략하였습니다.

첫 전투에서 고조선은 수륙 양면으로 왕검성을 공격해 들어오는 한나라의 강력한 군대를 섬멸했습니다. 발달된 철기 문화를 바탕으로 한 튼튼한 무기와 잘 정돈된 통치 제도 및 관료 기구는 고조선의 백성을 똘똘 뭉치게 해, 막강한 한나라의 군사들을 거뜬히 물리칠 수 있었습니다.

그러나 고조선에도 약점은 있었습니다. 고조선이 강력한 중앙 집권을 이루지 못한 것을 알아챈 한나라 무제는 고조선의 지방 귀족들을 회유하기 시작했습니다. 오랜 전쟁으로 지쳐 있던 귀족들은, 한나라와의 화해를 주장하는 측과 끝까지 싸울 것을 주장하는 측이 서로 의견 대립을 하게 되었습니다. 그러자 그 틈을 이용해 한나라 무제가 지방 귀족들을 매수하였습니다.

그러다 마침내 화해를 주장하던 귀족 중 한 사람이 우거왕을 살해하고, 한나라 군사에 항복함으로써 고조선의 군사들은 뿔뿔이 흩어지고 말았습니다. 결국 고조선은 무너지기 시작했습니다. 기원전 108년의 일이었습니다.

2장

고구려

건국

부여의 정치적 박해를 피해 북부 만주에서 남쪽으로 이주해 온 주몽은 압록강의 지류인 동가강 유역 졸본에 도읍을 정하고, 나라 이름을 '고구려'라 하였습니다. 기원전 37년의 일입니다.

동명성왕

부여 왕 해부루는 나이가 많았으나 아들이 없었습니다. 그런데 어느 날 해부루가 탄 말이 곤연 연못가에 이르러 큰 돌을 보고 눈물을 흘리는 것이었습니다. 왕은 이상하게 생각하고는 그 돌을 떠밀어 보니, 그 돌 밑에 노란 개구리 모양을 한 갓난아이가 웅크리고 있었습니다.

왕은 하늘이 내려주신 아들이라 여기며, 궁궐로 데리고 가서 그 아이 이름을 '금와'라 하였습니다.

그 후 부여 왕 해부루는 도읍을 옮기고, 나라 이름을 '동부여'라고 하였습니다. 해부루가 죽자, 그 뒤를 금와가 이었습니다.

그런데 어느 날, 사냥을 나갔던 금와왕은 우발수라는 강가에서 말에게 물을 먹이려다가, 외딴 강가에 아름다운 처녀가 혼자 서 있는 것을

발견했습니다.

이 아가씨의 이름은 '유화'였습니다. 물을 다스리는 신인 하백에게는 세 딸이 있었는데, 그 중 맏딸이 바로 유화였습니다. 그런데 유화는 하느님의 아들 해모수와 서로 사랑하던 사이로, 그 사실을 알게 된 아버지 하백에게 쫓겨나 헤매고 있던 중이었습니다.

유화의 이야기를 듣고 난 금와왕은 그녀를 불쌍히 여겨 궁궐로 데리고 왔습니다.

그런데 어느 날 유화 부인이 커다란 알을 낳았습니다. 금와왕은 매우 기분이 나빴습니다. 그래서 그 알을 돼지우리에 갖다 버리라고 명령하였습니다. 그런데 참 이상한 일이 벌어졌습니다. 신하들이 알을 돼지우리에 버렸으나, 이상하게도 돼지들이 그 알을 밟지 않고 피하는 것이었습니다.

그러자 이번에는 알을 돼지우리에서 꺼내어 길에 갖다 버렸습니다. 그러나 이번에도 역시 거리를 지나가는 소나 말, 개 들까지도 알을 피하는 것이었습니다.

이번에는 알을 들판에 내버리도록 분부했습니다. 그런데 알이 들판에 버려지자, 이번에는 새들이 날아와서 알을 따뜻하게 품어 주었습니다.

심지어는 몽둥이로 힘껏 알을 내리쳐도 알은 끄떡도 하지 않았습니다. 금와왕은 하는 수 없이 그 알을 어머니 유화에게 돌려주었습니다.

그 후 며칠이 지나자 알 속에서 사내아이가 태어났습니다. 아이는 무럭무럭 자라났습니다. 그런데 아이는 화살로 파리를 잡을 정도로 활쏘기 솜씨가 뛰어났습니다. 그래서 아이의 이름을 '활 잘 쏘는 사람'이란

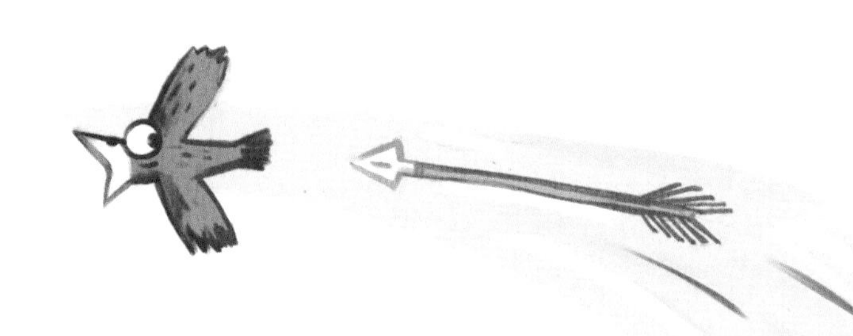

뜻의 '주몽'이라고 지어 주었습니다.

주몽은 어느덧 20살의 늠름한 청년이 되었습니다.

금와왕에게는 일곱 명의 왕자가 있었는데, 그들은 주몽의 뛰어남을 질투하고, 또한 위협을 느꼈습니다. 일곱 왕자는 금와왕에게 주몽을 죽여 달라고 부탁도 했습니다. 그러나 금와왕은 차마 죽이지는 못하고 마구간에서 일을 하도록 했습니다. 그때 주몽은 아주 뛰어난 말을 골라 혓바닥에 바늘을 찔러 놓았습니다. 말이 먹지도 못하고 점점 야위어 가자, 금와왕은 그 말을 주몽에게 주었습니다. 그러자 주몽

은 말을 집으로 데리고 와 잘 먹이고 훈련시켜 명마로 만들었습니다.

마침내 왕자들은 서로 의논하여 주몽을 없애 버리기로 하였습니다. 그러나 주몽은 이 음모를 미리 알고는, 그를 따르는 오이, 마리, 협부라는 세 청년과 함께 길을 떠나기로 작정하였습니다.

드디어 주몽은 어머니에게 작별 인사를 하고, 아기를 가진 아내에게는 칼을 두 동강 내어서 그 하나를 증표로 주었습니다.

주몽을 태운 명마는 산과 들을 나는 듯이 달려 남쪽으로 향했습니다. 뒤늦게 주몽이 도망친 것을 안 대소 태자는 군사들을 거느리고 주몽의 뒤를 쫓았습니다.

주몽은 엄사수(지금의 압록강 동부)라는 강가에 이르렀습니다. 그러나 물이 깊어 건널 수가 없었습니다. 그때 뒤에서는 대소 태자와 군사들이 바람같이 접근해 오고 있었습니다. 바로 그때였습니다. 물고기와 자라들이 강물 위로 떠오르더니 다리를 만들어 주었습니다. 그리하여 주몽은 일행과 무사히 강물을 건널 수 있었습니다. 잠시 후 대소 태자와 군사들이 강가에 이르렀을 때에는 물고기와 자라들이 모두 다 사라진 뒤였습니다.

주몽은 졸본 땅으로 들어갔습니다. 졸본 땅은 매우 기름지고 도읍으로 정하기에 아주 적합한 곳이었습니다. 주몽은 미처 궁궐을 지을 겨를이 없어서 비류수 위에 살면서 나라를 세웠습니다. 그리고는 나라 이름을 '고구려'라고 정하였습니다.

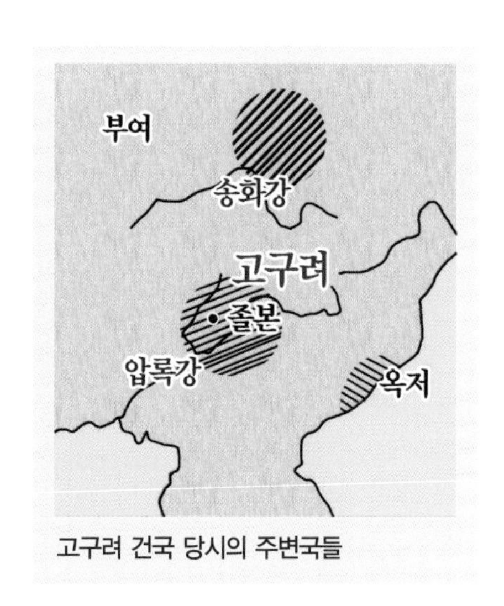

고구려 건국 당시의 주변국들

이 주몽이 바로 고구려의 시조인 동명성왕입니다.

부여와의 대결

부여의 대소왕은 5만 병력을 이끌고 고구려를 공격했습니다. 어린 시절을 같이 보낸 대소에게 주몽은 위협적인 인물이었습니다. 주몽은 기골이 장대하고 생김이 남달랐을 뿐만 아니라, 지혜로웠으며 무술에도 뛰어났습니다. 특히 활을 잘 쏘았습니다. 그래서 어려서부터 다른 형제들의 시기를 샀으며, 청년이 되어서는 생명의 위협까지 느끼게 되었습니다.

그런 사정 때문에 주몽은 부여를 도망쳤던 것입니다. 그런데 이제 주몽이 세운 고구려를 정복하고 중국 동부 지방에서 최강의 지위를 차지하려고 부여가 군사를 동원한 것입니다.

그러나 부여의 고구려 원정은 실패로 끝나고 말았습니다. 마침 큰 눈이 내려 동상에 걸린 군사들이 속출하였고, 일부는 얼어 죽기도 하였던 것입니다. 그 이후에도 오랫동안 계속된 두 나라의 싸움은 고구려의 승리로 기울어 갔습니다.

고구려가 부여를 압도하기 시작한 것은 13년에 있었던 '학반령 전투'에서였습니다. 부여는 고구려와 신나라의 군사적 대립 상황을 기회로 고구려를 쳐들어왔지만, 결국 학반령에서 고구려의 기병 전술에 빠져 크게 패하고 말았습니다.

한사군

기원전 108년 고조선을 무너뜨린 한나라는 낙랑, 진번, 임둔군, 현도군을 설치하였습니다. 한 군현을 설치하여 점령지를 직접 통치하고, 고조선이 누렸던 중계 무역의 이익을 독차지하려고 했던 것입니다. 그러나 고구려의 공격으로 한나라는 낙랑군만 빼고 나머지 군을 모두 잃고 말았습니다. 그러자 낙랑군은 계속 세력을 유지하면서 한반도의 북부뿐만 아니라, 남쪽의 삼한까지 분열의 기회를 노렸습니다.

그러나 고구려의 5부족이 계루부를 중심으로 통합되고, 현도군 동쪽에 '책구루'가 설치되어 대외 창구가 일원화됨에 따라 그동안 고구려 여러 부족들과 외교 관계를 맺으며 고구려의 통합을 저지해 온 한나라의 분열책은 마침내 끝을 맺게 되었습니다.

계루부의 태조왕은 4부족을 통합하면서 부족 내부의 일은 스스로 결정하도록 허용했으나, 외교권·무역권은 일괄적으로 처리했습니다. 그러자 이에 화가 난 한나라는 '책구루'를 설치하여 고구려가 가져갈 의복과 책을 그곳에 쌓아 두고 물자 교류를 하도록 조치했습니다.

또한 태조왕은 기마 병사를 앞세워 옥저를 공격했습니다. 이 전쟁의 승리로 고구려는 동으로는 동해안까지, 남으로는 청천강까지 영토를 확장하게 되었습니다.

뿐만 아니라, 태조왕 이후 왕위를 세습하는 제도가 정착되었습니다.

왕위를 형제에게 물려주는 것으로, 이것은 마침내 부족장의 세력을 꺾고 왕의 권위를 확고히 했다는 점에서 중요한 의미를 가집니다.

그러다 고국천왕에 이르러서는 형제상속이 부자상속으로 바뀌어 더욱 강한 왕권을 행사하였습니다.

313년 미천왕 14년에 고구려는 드디어 낙랑군을 멸망시켰습니다. 이것으로 지난 4백 년간 한반도 중심부에 설치되어 있던 한사군은 완전히 소멸되었으며, 고구려는 국가 발전의 기틀을 마련하게 되었습니다.

진대법

고국천왕 때, 국상 을파소는 빈민 구제의 목적으로 '진대법'을 주장하였습니다. 진대법은 3월에서 7월 사이에 백성들에게 나라의 곡식을 빌려 주었다가 10월에 갚게 하는 것으로, 흉년이 들 때마다 귀족의 고리대를 빌려 목숨을 이어갈 수밖에 없었던 농민들을 위한 구제책이었습니다. 동시에 귀족들의 재산 증식과 세력을 저지할 수 있는 방편이기도 하였습니다.

데릴사위제와 형사취수제

양가 부모의 승낙을 받아 약혼이 성립되면, 신부집에서는 '사위의 집'을 지어 기다립니다. 혼례날 해질 무렵에 신랑은 신부 집 앞에서 자기 이름을 밝히고 절을 한 다음, 신부와 자게 해 달라고 부탁합니다. 요청을 들어줄 때까지 신랑은 두 번 세 번 청을 해야 합니다.

그리고 마침내 허락이 떨어지면 신랑은 드디어 마련해 둔 '사위의 집'에 들어가 첫날밤을 보냅니다. 신랑이 가져온 돈과 폐백은 '사위의 집' 옆에 쌓아 둡니다. 이렇게 결혼한 부부는 '사위의 집'에서 아이를 낳고, 그 아이가 다 자란 후에야 남편의 집으로 돌아갑니다.

이것이 바로 '데릴사위제'입니다.

형사취수제는, 형이 죽으면 동생이 형수를 아내로 삼는 결혼 형식으로, 고구려뿐만 아니라 부여, 흉노 등 북방 민족 사이에서 널리 행해졌던 풍습이었습니다.

그러나 이러한 풍습은 동천왕에 이르러 무너지기 시작했습니다. 동천왕의 어머니 우씨, 즉 고국천왕의 왕비인 우씨가 죽어서는 전 남편 곁에 묻혀야 한다는 원칙을 깨고 둘째 남편인 산상왕 곁에 묻혔습니다.

그러나 이것은 단적인 예일 뿐이고, 사회가 발전하자 소유 형태도 형제상속에서 부자상속으로 변화하면서 결혼 제도에도 영향을 주게 되었던 것입니다.

이 밖에 고구려의 풍속에는, 혼수품으로 수의를 준비해 오는 것이 있었습니다. 토양이 황폐해 식량을 충분히 얻을 수 없었던 고구려인들은 주변국들과 싸워 식량을 빼앗아 와야 했기 때문에 항상 죽음을 생각했던 것입니다.

소수림왕

고국원왕의 아들 소수림왕이 즉위하던 시기(371년)는 고구려가 남북으로 고된 시련을 겪고 있던 때였습니다. 그 당시 고구려는 위아래로 공격을 받으면서 팽팽한 위기의식이 감돌았습니다.

이에 소수림왕은 위기 극복과 재도약을 위하여 활발한 외교 활동을 펼쳐 주변국과의 팽팽하던 긴장 관계를 풀었으며, '태학'이란 교육 기관을 설치하여 실력을 고루 갖춘 인재를 키우는 데 힘을 쏟았습니다. 그리고 이 외에도 불교 공인, 율령 반포 등 대대적인 개혁을 단행하였습니다.

소수림왕의 이 모든 개혁은 중앙의 권력을 강화하는 데 큰 역할을 하였습니다. 이때부터 고구려의 국가 체제가 정비되기 시작하였습니다.

광개토 대왕

고구려 제19대 광개토 대왕은 드넓은 만주 땅을 차지하여 동양 제1의 왕국을 건설하였습니다.

광개토 대왕의 할아버지인 고국원왕 때, 중국의 전연 왕 모용황이 5만여 명의 군사를 이끌고 국내성으로 쳐들어와 궁궐을 불태우고 고국원왕의 아버지 미천왕의 무덤을 파헤치는 행패를 부렸습니다. 또 백제의 근초고왕은 3만여 명의 군사를 거느리고 평양성을 공격해 들어왔습니다. 이때 앞장 서서 싸우던 고국원왕은 백제군에게 목숨을 잃고 말았습니다.

그 뒤를 이은 고국양왕은 아들 담덕(광개토 대왕)에게 이러한 이야기를 자주 하며 고구려의 현실을 깨닫게 해 주었습니다. 담덕은 열심히 무술을 연마하고 병법도 깊이 연구하였습니다. 마침내 고국양왕이 세상을 떠나자 담덕은 391년 5월, 그의 나이 18세에 왕위에 올랐습니다.

광개토 대왕은 '영락'이라는 연호를 사용하여 고구려가 어엿한 독립국임을 주장하였고, 말타기·활쏘기 등의 무술 대회를 열어 군사를 훈련하였습니다. 또한 평양에 9개의 절을 짓는 등 불교를 널리 전파하였으며, 태학의 문을 넓혀 교육에도 힘썼습니다.

392년 7월, 광개토 대왕은 4만여 명의 군사를 이끌고 나가 백제의 10여 개 성을 빼앗았습니다. 이것은 고구려가 20년 만에 거둔 대승리였습니다.

396년에는 3천여 명의 군대를 이끌고 거란을 정벌하였으며, 다음해에는 쳐들어오는 백제군을 반격하여 백제의 수도 한성을 포위, 마침내 아신왕의 항복을 받아 냈습니다. 이 전투의 승리로 광개토 대왕은 아신왕의 동생과 대신 10명을 포함한 포로 천 명을 이끌고 본국으로 귀환하였습니다. 이로써 광개토 대왕은 임진강 유역 일대를 완전히 장악하게 되었습니다.

한편, 전력을 가다듬은 백제 아신왕은 가야, 왜와 연합하여 신라를 공격하였습니다. 그러자 고구려와 동맹관계를 맺고 있던 신라는 고구려에 구원을 요청하였습니다. 이에 광개토 대왕은 기병과 보병 5만 명을 보내어 가야와 왜의 군사들을 섬멸하였습니다. 이것이 400년의 일이었습니다.

그리고 그 후 404년에는 옛 대방군의 땅으로 진출한 백제와 왜의 연합군을 무너뜨렸습니다.

그런데 광개토 대왕이 남쪽에 신경을 쓰는 동안 중국 후연의 모용희가 3만 명의 대군을 이끌고 내려와 고구려의 북방 요새인 신성과 남소성을 빼앗자, 이에 화가 난 광개토 대왕은 오랫동안의 숙원인 북방 정벌에 나섰습니다. 광개토 대왕은 6만의 대군을 훈련시켜, 후연을 공격하여 요동을 완전히 장악했습니다. 요동 지역은 원래 철의 생산지이자, 농경 지대로서 고구

광개토 대왕릉비 광개토 대왕의 공적을 기념하기 위해 장수왕이 세운 비

려가 발전하는 데 큰 밑바탕이 되었습니다.

그리고 410년에는 동부여까지 정벌하였습니다.

그러나 그 후, 광개토 대왕은 누워 앓다가 39살이라는 젊은 나이로 세상을 뜨고 말았습니다. 413년의 일이었습니다.

장수왕

광개토 대왕의 대를 이은 장수왕은 영토가 확장됨에 따라 체제 정비의 필요성을 느껴 427년에 도읍을 국내성에서 평양성으로 옮겼습니다. 평양은 대동강 주변에 있어 토지가 비옥하며, 황해를 통한 중국 진출이 수월해 본격적으로 삼국 통일을 전개할 수 있는 조건을 갖춘 곳이었습니다.

그러자 이에 위협을 느낀 백제와 신라는 그동안의 적대 관계를 청산하고 서로 동맹을 맺었습니다.

475년 장수왕은 3만 대군을 이끌고 백제의 북성을 공격, 7일 만에 함락시키고, 한성을 포위하였습니다. 당황한 백제의 개로왕은 동맹군 신라에 원정을 청하였으나, 고구려의 거센 공격을 이겨낼 수는 없었습니다. 궁지에 몰린 개로왕은 수십 명의 기병을 거느리고 도망치다 아차성 아래에서 살해당했습니다.

또한 장수왕은 468년 고구려의 간섭에서 벗어나려는 신라를 재차 정벌하여 중원에 척경비(중원 고구려비)를 세웠습니다. 이로써 고구려는

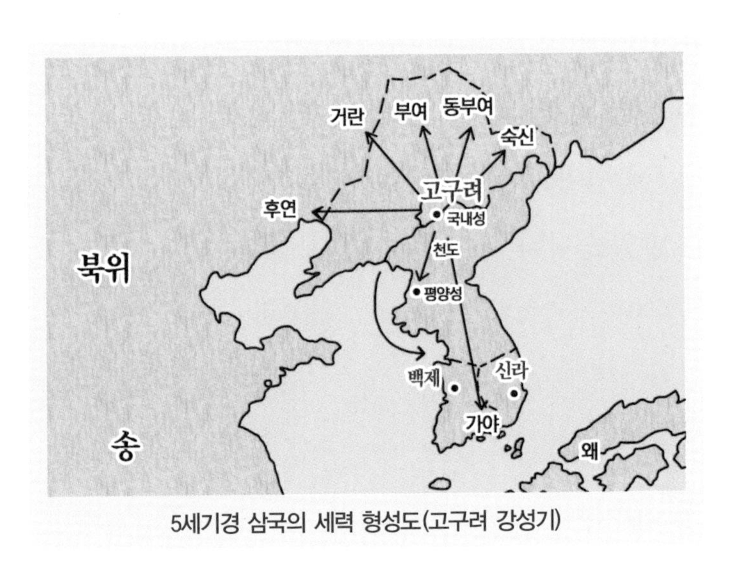

5세기경 삼국의 세력 형성도(고구려 강성기)

백제, 신라에 대한 우위를 확고히 굳혔습니다.

수나라 격퇴

280여 년 만에 중국 대륙을 재통일한 수의 막강한 군사력에 대항하는 데 고구려의 전 백성은 일치단결하여 살수대전과 요동성 전투를 승리로 이끄는 등 4차례의 수의 공격을 물리쳤습니다. 그리고 이런 무리한 원정을 감행한 탓인지 수나라는 건국한 지 30년 만에 멸망하고 말았습니다.

1차 전쟁(598년) 수나라의 공격에 대비해 온 고구려가 말갈 병사 만 명을 이끌고 요서 지방을 먼저 공격, 점령하자 수나라의 30만 대군이 고구려를 쳐들어왔습니다. 그러나 장마로 길이 막힌데다 군량의 운반

이 끊겨 군사들은 굶주림과 병으로 싸우지도 못하고 패했습니다. 게다가 수군은 폭풍을 만나 배가 난파되어 요하를 건너지도 못했습니다.

2차 전쟁(612년) 113만 대군을 거느리고 다시 고구려 원정길에 나선 수나라는 요하를 건너 요동성을 포위했습니다. 그러나 요동성은 꿈쩍도 하지 않았습니다. 그러자 수나라 군은 30만의 별동대를 조직하여 압록강 기슭에 모인 후 평양성으로 곧바로 진격해 들어갔습니다. 이때 평양성을 지키고 있던 을지문덕은 '유인전'과 '청야전술'로 적을 지치게 만들어 평양성 30리 밖으로 끌어내는 데 성공했습니다.

적을 이기려면 적을 알아야 한다고 생각한 을지문덕은 거짓 항복 문서를 작성해 적진으로 들어갔습니다. 적의 동태를 파악한 을지문덕은 적장 우중문에게, 항복문서는 가져왔는데 수나라를 종주국으로 섬기고 해마다 조공을 바쳐야 할지 어떨지 의논을 못했다며 돌아가 허락을 받아올 수 있도록 해 달라고 요청했습니다.

그리고는 고구려 진영으로 돌아온 을지문덕은 적장 우중문에게 시를 적어 보냈습니다.

그대의 신묘한 책략은 천문을 꿰뚫었고,
묘산은 지리를 통달하였네.
전승한 공이 이미 높았으니,
그만 돌아가는 것이 어떠리.

이 시를 보고, 속은 것을 깨달은 우중문은 화가 나 앞뒤 가리지 못하고 평양성 공격을 감행했습니다. 그러나 굶주리고 지친 수나라 군사들은 평양성을 공격할 힘이 남아 있지 않았습니다. 결국 을지문덕의 '청야전술'에 완전히 넘어가 수나라 군사들은 후퇴하기 시작했습니다.

그러자 도망치는 적군을 한 명이라도 놓칠세라 고구려군은 그 뒤를 바짝 쫓아가 살수에서 수나라 군사를 전멸시켰습니다. 살아서 돌아간 적은 겨우 2,700여 명 정도였습니다.

3차 전쟁(613년) 수나라는 이제 성을 격파시킬 수 있는 신무기를 동원하여 성을 하나씩 하나씩 함락해 들어왔습니다.

그럼에도 불구하고 요동성은 끄떡도 하지 않았습니다. 이에 수 양제는 큰 베 푸대 백만 개에 흙을 넣어 토성을 쌓고 그 위에서 요동성을 마주하여 싸우도록 했습니다. 토성의 높이는 요동성과 같았습니다.

그런데 이때 수나라에 내란이 일어났다는 소식이 전해졌습니다. 수군 진영은 큰 혼란에 빠졌습니다. 수 양제는 어쩔 수 없이 내란 수습을 위해 군대를 되돌릴 수밖에 없었습니다.

4차 전쟁(614년) 오랜 기간의 전쟁으로 지쳐 있던 고구려는 일단 공격을 피하기 위해 항복하겠다고 약속을 하고, 수나라 군사를 되돌아가게 한 후 약속을 지키지 않았습니다.

수나라가 고구려를 공격한

후 그 여파를 이기지 못하고 멸망하자, 그 뒤를 이은 당나라는 고구려와의 화친 정책을 펼쳤습니다. 그러나 당나라의 태종은 국력이 강해지자, 또다시 고구려를 노리게 되었습니다.

이 무렵 고구려는, 연개소문이 권력을 잡고 있었습니다.

연개소문은 자신을 죽이려는 영류왕 및 온건파 귀족들의 계획을 사전에 알아내고, 군대 열병식에 참여한 이들을 모두 제거함으로써 권력을 잡았습니다. 국왕으로 보장왕이 있기는 했으나, 연개소문은 실질적인 통치자로서 권력을 강화시켜 나갔습니다. 자신의 지위를 태대대로로 높이고, 자신의 아들들에게 고위 관직을 주었습니다.

645년 당 태종은 군사를 모아 요동 지역의 성을 하나하나 함락시키면서 쳐들어왔습니다. 그리고 요동의 최후 보루인 안시성에 이르렀습니다. 안시성의 성주 양만춘은 재능과 용맹이 뛰어난 사람으로 당나라군이 겹겹이 포위해 공격했지만, 꿋꿋이 버티었습니다.

적은 하루에도 6, 7차례나 공격을 퍼부으며 안시성을 함락시키기 위해 온갖 방법을 다 사용하였습니다. 성벽을 뚫기 위한 무기를 사용하기도 하고, 큰 돌을 날려 성벽을 허물어뜨리기도 했습니다. 또 60여 일에 걸쳐 흙담을 쌓아 위에서 아래로 공격하려고 했으나, 안시성 백성들이 밤새 흙담을 무너뜨려 그것도 실패로 돌아갔습니다. 안시성 군사와 백성들은 일치단결하여 성을 끝까지 지켰습니다.

안시성 공략이 실패로 끝나자, 추운 날씨와 군량의 부족으로 마침내 당 태종은 퇴각하고 말았습니다.

고구려의 최후

666년 연개소문이 죽자, 구심력을 잃은 고구려는 흔들리기 시작했습니다.

연개소문의 세 아들들이 권력 다툼을 하다 끝내 큰아들 남생이 당나라에 투항하고 말았습니다. 기회를 노리고 있던 당은 이적을 장군으로 하여 고구려 요동의 여러 성을 빼앗고, 서쪽 변경의 요충지인 '신성'을 함락하고, 그 이듬해에 유인궤, 학처준, 설인귀 등과 함께 평양성을 공격하였습니다.

패배를 인정한 보장왕은 막리지 남산에게 백기를 들고 가 이적에게 항복하도록 했습니다. 그러나 막내 남건은 보장왕의 항복 결정에 따르지 않고, 성에 남아 항전을 계속 했습니다.

그러던 중 남산의 부하였던 승려 도선이 당나라와 내통해 자신의 안전을 보장받은 후 성문을 열어 주었습니다. 성문이 열리자, 물밀듯 당군이 밀어닥치고 평양성은 마침내 함락당하고 말았습니다. 668년 9월 21일의 일이었습니다.

당나라는 무너뜨린 고구려의 왕을 비롯해 대신들과 백성들을 당나라로 데려갔습니다. 또한 점령지에는 도독부를 설치하고, 평양에는 도독부를 총괄하는 안동도호부를 두었습니다.

3장

백제

건국

고구려를 건국한 주몽은 비류국의 공주와 혼인해 비류와 온조, 두 아들을 두었습니다. 그런데 주몽에게는 부여에서 도망칠 때 임신을 한 아내가 있었습니다. 그 아내가 아이를 낳고, 아이의 이름을 유리라 하였는데, 그 아들이 아버지 주몽을 만나러 고구려를 찾아왔습니다. 고구려를 건국한 지 19년이 흐른 뒤였습니다.

주몽은 기뻐하며 유리를 태자로 책봉하였습니다. 이에 불안을 느낀 비류와 온조는 고구려를 떠나 남쪽으로 내려갔습니다.

온조는 졸본 지역을 출발하여 강계에서 함흥으로 이르는 교통로를 따라 남하하여 다시 한강 상류를 타고 위례 지역에 정착했습니다. 그러나 함께 내려온 비류는 위례성이 마땅치 않다며 서쪽 미추홀로 가 도읍을 정했습니다.

원래 한강 유역에는 '진국'이라는 나라가 있었는데, 고조선의 유이민에 의해 무너지고, 경상도 지역으로 옮겨 가 '진한'을 세웠습니다.

온조는 그 한강 유역의 진국 토착민과 고조선 유이민을 통합해 나라를 세웠습니다. 그리고 한강 북쪽 위례성에 도읍을 정했습니다.

한편 비류를 따라 서쪽으로 간 사람들은, 그곳이 물이 짜고 많아 정착하기에 부적합하자, 다시 위례성으로 되돌아왔습니다. 그러자 이를 비관한 비류는 스스로 목숨을 끊고 말았습니다.

위례성에 도읍을 정한 온조는, 신하 열 명의 도움으로 세웠다 하여 나라 이름을 '십제'라 하였습니다. 그 후 한강 유역의 여러 집단을 통합하면서 연맹체의 영역을 확대해 나갔습니다. 그리고 성장한 국력에 걸맞게 나라 이름도 '십제'에서 '백제'로 바꾸었습니다.

고이왕

마한을 이끌어 온 목지국의 세력이 3세기에 들어와서는 지지 세력을 잃어 힘이 점점 약해졌습니다. 게다가 247년 대방군을 공격한 전쟁에서 패하자 세력이 더욱 급격히 기울었습니다.

이 틈을 타 고이왕은 목지국을 점령했습니다. 그 후 고이왕은 '좌평'을 신설하고, 262년 '금령'을 내리는 등 국왕의 권위를 더욱 강화시켜 나갔습니다.

좌평은 지배 귀족들이 참여하여 국사를 의논하는 기구인 '남당' 회의에서 주재자 역할을 했습니다.

그 이전에 '좌장'이라는 관직을 둔 것을 보아도 고이왕의 왕권 강화에 대한 노력이 남달랐음을 알 수 있습니다. 좌장은 연맹체의 군사통제권을 행사하는 관직으로, 각 부족의 권한을 축소시키고 그들을 통제하였습니다.

이 밖에도 고이왕 29년에 발표한 금령은 '관리로서 재물을 받은 자와 도적질한 자에게는 범죄 행위를 통해 얻은 재물의 3배를 거두어들이고, 종신토록 금고형에 처하여 평생 벼슬에 쓰지 않는다.'는 내용으로, 이 또한 왕권 강화를 위한 조치였습니다.

근초고왕

371년 군사 3만을 거느리고 고구려에 침입한 근초고왕은 평양성을 공격하여 고구려의 고국원왕을 전사시키는 큰 성과를 거두었습니다. 이 전쟁의 승리로 백제는 황해도 지역은 물론, 황해 해상권까지 장악하게 되었습니다.

4세기 백제 전성기

고구려 원정이 있기 전, 백제는 이미 남쪽으로는 마한의 남은 지역을 정벌하고, 낙동강 유역의 가야에도 세력을 뻗쳤습니다. 이로써 백제는 역사상 최대의 영토를 차지하게 되었습니다.

백제는 당시 무역 중계지인 가야를 세력권 안에 두고 있었으며, 일본 열도에도 세력을 뻗치고 있었기 때문에 쉽게 해상무역권을 차지할 수 있었습니다.

그런가 하면 왜왕의 요구에 따라 박사 왕인이 《논어》와 《천자문》을 가지고 왜에 건너가 경학을 전수했습니다. 이로써 왜는 문자가 세련되어지고, 유교 사상이 도입되기 시작했습니다.

왕인 이전에도 '아직기'가 왜의 쇼토쿠 태자의 스승으로 있었습니다.

또한 근초고왕은 박사 고홍에게 백제 역사서 《서기》를 편찬하도록 하였는데, 이것은 왕의 권위를 높이고, 자신의 업적을 알리기 위함이었습니다.

혼란기

475년 고구려의 공격으로 백제의 도읍 한성이 포위당하자, 개로왕은 왕자 문주를 신라에 보내어 원군을 청하였습니다.

그 사이 지레 겁을 먹고 성문을 꼭 닫아 걸고 원군을 기다리던 개로왕은 고구려의 강한 공격을 이기지 못한 대부분의 백성이 고구려군에 항복을 하자, 수십 명의 기병을 거느리고 도망을 쳤습니다. 그러나 얼마 가지 못하여 아차성 아래에서 피살되었습니다.

개로왕의 뒤를 이은 문주왕은 산성으로 둘러싸인 천혜의 요소 웅진으로 도읍을 옮겼습니다. 그러나 천도 후 귀족들이 세력을 얻어 반란을 일으키는가 하면, 밖으로는 전쟁이 끊이지 않았습니다. 그리하여 왕의 권한은 점점 약해져 갔고, 황해의 해상권마저 고구려에 빼앗기고 말았습니다. 게다가 가야에 대한 영향력마저 상실하게 되었습니다. 그러다 마침내 병관좌평 해구의 반란으로 문주왕이 피살되자, 백제는 극도의 혼란기에 접어들었습니다.

회복기

고구려의 계속된 공격을 백제와 신라는 공동 전선을 펴 물리쳤습니다.

479년 3월, 고구려가 말갈과 연합하여 신라 북변을 공격해 7개 성을 점령하고 계속 진군하자, 백제는 가야의 구원병과 함께 이를 저지하고, 도망치는 고구려군을 추격하여 천 명의 목을 베었습니다.

484년에는 신라 북변을 침범한 고구려군을 백제, 신라가 연합하여 모산성에서 무찔렀습니다.

그리고 493년에는 두 나라의 결속을 강화하기 위해 백제 동성왕의 왕자와 신라 최고 관직인 이벌찬의 딸 사이에 혼인이 이루어졌습니다. 두 나라의 굳건한 동맹 관계는 동성왕에 이어 무령왕 때에도 지속되었습니다.

그러는 가운데 웅진 천도로 인한 정치적 혼란도 차츰 안정을 찾았고, 농업을 장려하여 경제적 기반도 튼튼히 하였습니다.

동성왕을 살해한 귀족 백가를 제거하여 왕권의 우위를 확보한 무령왕은 510년 농업 발전을 위한 조치를 단행했습니다. 제방을 수리하고, 농사에 필요한 물을 풍부히 저장할 수 있도록 하였으며, 떠돌아다니는 사람들을 모아 농사를 짓게 했습니다. 그 결과 호남 지역은 한반도 최

무령왕릉 내부

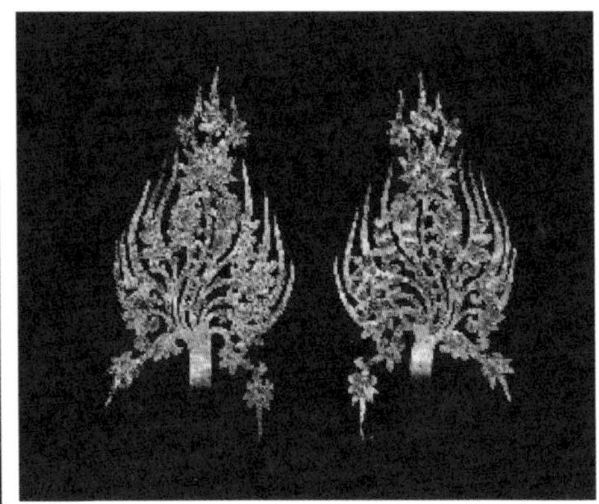

무령왕릉에서 출토된 금제관식

대의 곡창 지대로 성장했고, 백제는 농업 국가로 떠오르면서 제2의 전성기를 누리게 되었습니다.

무령왕의 뒤를 이은 백제 26대 임금 성왕은 도읍을 웅진에서 '사비'로 옮기고, 국호를 백제에서 '남부여'로 바꾸었습니다. 그리고 그동안 강화되어 온 왕권과 신진 세력의 힘을 얻어 반발하는 귀족들을 누르고, 관제 정비에 박차를 가했습니다.

백제는 중앙 관제로서 16관등제와 22부제, 그리고 수도 조직으로 5부제와 지방 조직으로 5방제를 두었습니다. 16관등제는 1품 좌평에서 16품 극우에 이르는 16등급이고, 관등의 높고 낮음에 따라 옷색을 자색, 비색, 청색으로 구분하였습니다. 22부제는 궁중 업무를 맡는 내관 12부와 일반 업무를 관리하는 외관 10부로 이루어져 있었습니다. 지방은 5방으로 나누고, 그 아래 군과 성을 두었으며 그 장관을 '방령'이라 하였습니다.

또한 성왕 때에 승려 겸익이 인도에서 율을 구해 왔고, 522년에는 노리사치계를 통해 일본에 최초로 불교를 전했습니다.

이 무렵, 신라는 국력이 크게 신장되어 한강 가에까지 세력을 뻗쳐, 백제를 견제하는 한편 진흥왕 때에 이르러서는 백제 국경을 침범하여 한산주를 차지했습니다. 그 여세를 몰아 삼년산성을 빼앗고 옥천까지 진격했습니다.

이 갑작스런 신라의 습격 소식을 들은 성왕은 크게 화를 내며, 배반자 신라를 응징하고 영토를 되찾기 위해 직접 군대를 이끌고 신라의 관산성을 공격했습니다. 초기의 전세는 백제에게 유리하게 돌아갔으나, 신라의 장수 김무력이 성왕을 살해함으로써 전세가 역전되어 백제는 크게 패하였습니다.

이로 인해 그동안 쌓아온 백제의 국력은 한순간에 무너지고, 전쟁을 반대했던 귀족들의 권한이 크게 강화되었습니다.

실권을 쥐고 있던 귀족들은 법왕이 죽은 후 익산 지역에서 살고 있던 몰락한 왕족 출신 서동을 무왕으로 즉위시켰습니다. 귀족 자신들의 이익을 위해 추천했지만, 무왕은 즉위하자마자 왕권 회복을 위한 정책을 펼치며 귀족 세력에 제동을 걸었습니다.

또한 신라의 선화 공주와 결혼해 신라와의 유대를 강화하였고, 미륵사를 창건하는 등 익산으로 천도하기 위해 왕권의 기반을 다져 갔습니다.

무왕의 맏아들 의자왕도 즉위하면서 이듬해 642년 내신 좌평 기미

등 유력한 귀족 40여 명을 숙청해 왕권을 더욱 강화시켰습니다. 한편 민심 수습에도 힘을 기울여 국내 정치의 안정을 도모했습니다.

멸망

642년 7월, 의자왕은 직접 군대를 거느리고 신라를 공격하여 미후성 등 40개 성을 함락시켰습니다. 8월에는 장군 윤충이 군사 만 명을 이끌고 신라의 대야성을 무너뜨렸습니다. 이 싸움에서 윤충은 항복한 대야성의 성주 김품석과 그의 아내를 죽여, 그 머리를 사비성에 보냈습니다.

한편 자신의 사위와 딸이 죽었다는 소식을 들은 신라의 김춘추는 온종일 사물을 분간하지 못할 정도의 충격을 받았습니다.

643년에 백제는 고구려와 동맹을 맺고, 신라의 당항성을 빼앗아 신라가 당나라로 가는 길을 막았습니다.

그런데 이런 승승장구의 전세에 마음을 놓은 의자왕은 사치와 환락에 빠지기 시작했습니다. 수많은 궁녀들에 둘러싸여 술타령만 했습니다. 후궁이 많아 왕자만도 40여 명이나 되었습니다.

그때, 충신 성충이 임금의 행동을 비난하며, 신라가 백제를 치려고 군사를 모으고 있다고 고하였으나 의자왕은 듣지 않고 오히려 성충을 옥에 가두어 버렸습니다. 성충은 감옥에서도 나라를 걱정하여 임금에게 상소문을 올리고 끝내는 단식하여 옥에 갇힌 지 28일 만에 숨을 거두고 말았습니다.

> 충신은 죽음 앞에서도 임금을 잊지 못하는 법이온즉, 마지막으로 아룁니다.
> 앞으로 전쟁이 일어날 것입니다. 군사를 쓸 때에는 지형을 잘 골라 대비해야 합니다. 외적이 쳐들어오면 육로는 침현(탄현)을 넘지 못하게 하시고, 수군은 기벌포의 언덕을 들어서지 못하게 하십시오.

그러나 의자왕은 성충의 마지막 상소문마저 짓밟아 버렸습니다.

그런데 의자왕 19년에 해괴한 일들이 꼬리를 물고 일어났습니다.

사비수(백마강)에 사람 키의 세 배나 되는 큰 물고기가 죽은 채로 떠오르고, 거인 여자 시체가 바다로 떠내려왔을 뿐만 아니라, 밤마다 대궐 북쪽에서 귀신의 울음소리가 들려왔습니다.

어느 날은 귀신 하나가 대궐 안으로 들어와서는

"백제는 망한다! 백제는 망한다!"

하고 외치더니, 군사가 나타나자 땅속으로 사라졌습니다. 군사들이 하도 이상하여 그곳을 파 보았더니 거북 한 마리가 나왔습니다. 거북의 등에는 '백제 보름달, 신라는 초승달'이라는 글자가 쓰여 있었습니다. 군사들이 그 거북을 의자왕에게 보이자, 의자왕은 점쟁

이를 불러 그 뜻을 해석하도록 시켰습니다.

“보름달이란 것은, 달이 꽉 찼으니 앞으로 기운다는 뜻이고, 초승달이라 함은 차차 일어난다는 뜻인 듯하옵니다.”

이 말을 들은 의자왕은 화를 벌컥 내며, 그 자리에서 점쟁이의 목을 베어 버렸습니다.

그 이후에도 의자왕은 궁녀들 속에 파묻혀 술과 놀이로 세월을 보냈습니다.

한편, 김유신이 이끄는 신라의 5만 군사는 이천을 지나 황산벌에서 백제의 5천 결사대를 물리치고 사비성으로 진격해 들어왔습니다. 중국 당나라의 소정방이 이끄는 13만의 당나라 군대도 금강 기벌포에서 백제의 별다른 저항 없이 상륙해, 사비성으로 향했습니다.

이 소식을 들은 의자왕은 깜짝 놀라 서둘러 군사를 모아 직접 군대를 지휘했습니다. 백제 군사들은 목숨을 아끼지 않고 끝까지 싸웠으나, 수가 워낙 모자라 신라와 당나라 연합군을 막을 수는 없었습니다.

그제서야 의자왕은 성충의 말을 듣지 않은 것을 후회하며, 태자 효와 함께 웅진성으로 피신했습니다. 사비성에서는 의자왕의 둘째 아들 '태'가 남아서 항전을 계속했습니다. 그러나 의자왕의 셋째 아들 부여융과 태자 효의 아들 문사가 성밖으로 투항하자, 이에 '태'도 항복을 하고 말았습니다.

마침내 사비성 위에 당의 깃발이 오르고, 백제는 채 열흘도 되지 않아 수도가 함락되었습니다. 결국 웅진성으로 피신했던 의자왕과 태자 효도 돌아와 나·당 연합군 앞에 무릎을 꿇었습니다. 31명의 왕을 거쳐 678년의 역사를 지닌 백제가 마침내 사라진 것입니다.

부흥 운동

사비성을 함락한 당의 소정방은 의자왕을 비롯하여 태자 효와 왕자 태, 융, 연 등과 대신 80명,

백성 2800명을 당나라 수도로 보냈습니다.

당은 백제를 다섯 도독부(웅진, 마한, 동명, 금련, 덕안)로 나누어 각 주와 현에 도독, 자사, 현령을 보내었습니다. 낭장 유인원에게는 도성을 지키게 하고, 유인궤에게는 웅진 도독을 다스리도록 하였습니다.

한편, 백제 곳곳에서는 나라를 일으켜 보려는 부흥 운동이 일어났습니다.

무왕의 조카 복신은 승려 도침과 함께 주류성을 근거지로 왜국에 가 있던 왕자 부여 풍을 왕으로 받들어 백제의 부흥을 꾀했습니다. 서북부의 많은 성들의 호응을 받아 복신은 군사를 정돈하여 661년 3월 사비성을 포위, 공격했습니다. 이에 당황한 유인원은 본국에 구원을 요청했으며, 신라의 왕도 직접 군대를 거느리고 참전했습니다.

전세가 불리하게 기울자, 복신은 임존성으로 후퇴하여 흑치상지군과 합세했습니다. 흑치상지군은 임존성을 기점으로 일어난 부흥군으로, 소정방과 싸워 승리해 북부의 2백여 성을 빼앗고, 3만의 군사를 거느린 막강한 세력이었습니다.

백제의 부흥 운동

그리고 고구려의 지원으로 더욱 강해져 661년 11월 신라의 칠중성과 662년 5월 술천성을 공격했습니다.

그러던 중 663년에 이르러 부흥군 지도층 사이에 내분이 일어나기 시작했습니다.

복신이 승려 도침을 죽이고 그의 무리를 자신의 휘하에 두었으며, 부여 풍을 없애려고 음모를 꾸몄던 것입니다.

그러나 계략을 미리 알아차린 부여 풍이 선수를 쳐 복신을 해치웠습니다. 이때 나·당 연합군은 부흥군의 본거지인 주류성에 대대적인 공격을 감행했습니다. 궁지에 몰린 부여 풍은 고구려와 왜에 사신을 보내 구원을 청했습니다. 일본은 수군까지 보내 부흥군을 도왔지만, 유인궤의 수군에 참패당하고 말았습니다.

전세가 불리해지자, 부여 풍은 고구려로 망명해 버리고, 주류성은 곧 함락되었습니다. 중심 세력을 잃은 나머지 부흥군도 항복하고, 마지막 보루인 임존성도 마침내 정복당하여 백제의 부흥 운동은 영원한 막을 내리게 되었습니다.

4장

신라

건국

신라는 원래 삼한 중 진한에 속한 작은 나라로, 기원전 67년 경주 지방에 자리를 잡고 이름을 '서라벌'이라 하였습니다. 지역 토착 세력인 6개 부족이 서로의 필요에 의하여 국가를 이룬 것이기 때문에, 6부 합의에 의해서만 왕이 선출되었습니다. 이러한 상황에서 처음 신라의 왕권을 차지한 것은 박씨 집단의 혁거세였습니다.

신라 왕위 계승의 가장 큰 특징은 덕이 많고 지혜로운 사람에게 왕위를 물려준다는 것이었습니다. 2대 남해차차웅은 유리왕에게 물려주었고, 유리왕은 석탈해에게 임금 자리를 물려주었습니다.

박혁거세

서라벌에는 여섯 마을이 있었습니다. 알천의 양산촌, 돌산의 고허촌, 취산의 진지촌, 무산의 대수촌, 금산의 가리촌, 명활산의 고야촌입니다.

이들 여섯 마을에서는 촌장이 그 마을을 다스렸습니다. 그리고 여섯 마을 촌장들은 자주 한자리에 모여 회의를 열어 중요한 일들을 결정하였습니다.

그런데 어느 날 이 여섯 촌장 중에서 나이가 가장 많고 경험이 풍부한 고허촌의 촌장이 양산촌의 '나정'이라는 우물 옆 숲에서 하늘에서 찬란한 빛이 내리뻗치는 것을 보았습니다. 그리고 이상한 빛이 내리쬐는 곳에는 흰 말 한 필이 꿇어앉아 하늘을 향하여 절을 하고 있었습니다.

이상하게 생각되어 촌장은 나정이 있는 쪽으로 가까이 다가갔습니다. 그러자 흰 말은 큰 울음소리를 내며 하늘로 올라가 버렸습니다. 그리고 흰 말이 있던 자리에는 엄청나게 큰 알이 한 개 놓여 있었습니다.

촌장은 기이하게 여기며 알을 쪼개 보았습니다. 그랬더니 '쩍' 하는 소리가 나며 알에서 생김새가 단정하고 아름다운 사내아이가 나왔습

니다.

고허촌 촌장은 그 사내아이를 집으로 데려와 정성껏 길렀습니다.

아이의 성은 박처럼 둥근 큰 알에서 나왔다고 하여 '박' 씨라고 붙여졌으며, 이름은 나라를 밝게 비추어 준다고 하여 '불구내'라고 하였습니다. 이름을 '혁거세'로 고친 것은 그 후였습니다. 세상을 빛으로 다스린다 하여 '혁거세'라고 한 것이었습니다.

어느덧 아이는 10살이 되었습니다. 아이는 건장하였고, 재주 또한 남달랐습니다.

여섯 촌장들은 이 아이가 13살이 되는 기원전 57년에 그를 왕으로 떠받들었습니다. 그 후 서라벌에는 해마다 풍년이 들었고, 모든 것이 풍족하여 백성들은 태평성대를 노래하였습니다. 그리고 왕이 즉위한 지 5년째 되는 해에 왕비를 맞았습니다.

왕비의 이름은 '알영'이었습니다. 박혁거세가 세상에 태어난 그 무렵, 양산 마을의 알영이라는 우물가에 닭처럼 생긴 용이 구름을 타고 내려왔습니다. 용의 왼쪽 옆구리에는 여자아이가 끼어 있었습니다. 그때 한 할머니가 그것을 보고 달려가 그 아기를 받아 키웠습니다.

그런데 이 여자아이는 입술이 닭의 부리처럼 쑥 나와 있었습니다. 할머니는 여자아이를 안고 북쪽에 있는 샘을 찾아가 그 입술을 씻어 주었습니다. 그러자 아이의 입술이 들어가 아주 예쁘게 되었습니다.

할머니는 이 아이의 이름을 우물 이름을 따서 '알영'이라 지어 주었습니다. 이 여자아이가 자라서 왕비가 된 것입니다.

박혁거세는 61년 동안 왕의 자리에 있었습니다.

김씨 왕위 세습

박, 석, 김 세 성씨가 번갈아 맡던 왕위 계승이 김씨에 의해 독점되었습니다. 또 왕의 칭호도 '이사금'에서 '마립간'으로 바뀌었습니다.

내물 마립간에 이르러서는 주변의 여러 나라를 정복하여 낙동강 유역 일대의 큰 나라로 성장하였으며, 중앙집권 국가로 발전하였습니다.

그러나 고구려의 간섭을 받고 있는 상태라 대내적 통합을 이루지 못해 고대 국가로의 발전이 늦어지고 있었습니다.

유리왕

유리왕 9년 봄에는 6부의 이름을 고치고 성이 주어졌습니다. 양산부를 양부라 고치고 성은 이(李)씨, 고허부는 사량부로 고치고 성은 최(崔)씨, 대수부는 점량부로 고치고 성은 손(孫)씨, 지니부는 본피부로 고치고 성은 정(鄭)씨, 가리부는 한지부로 고치고 성은 배(裵)씨, 명활부는 습비부로 고치고 성은 설(薛)씨로 하였습니다. 또 관리 제도는 17등급으로 나누었습니다.

그리고 6부의 여자를 두 편으로 나누어 왕녀 두 사람을 양쪽 대표로 세우고, 각각 한 편을 거느리고, 7월 16일부터 8월 15일까지 날마다 대부의 뜰에 모여 밤늦게까지 길쌈을 하다가 마지막 날 길쌈 성적을 매겼습니다. 이때 진 편은 술과 음식을 장만하여 이긴 편을 대접해야 했습니다. 그리고 이날 밤에는 노래와 춤, 그리고 온갖 놀이를 하며 즐겁게 놀았습니다. 이것을 '가배'라 하였습니다.

한여름엔 농사에 힘쓰고, 가을엔 햇곡식으로 음식을 만들어 먹는 이 풍습은 오늘날의 '팔월 한가위'로 발전되었습니다.

눌지왕

신라는 백제와 연합하여 고구려의 침공에 대항해 물리침으로써 대외적으로 두드러진 성공을 보였습니다. 이러한 성장과 자주적인 움직임은 눌지왕 때부터 시작된 것입니다. 또한 내부적으로 집권체제를 강화하기 시작했습니다. 고구려에 볼모로 잡혀 있던 동생 복호를 탈출시키고, 왜에 볼모로 가 있던 미사흔을 귀환시키는 등 고구려의 영향력을 벗어나려고 노력하였습니다.

자비왕

이때는 고구려의 힘이 가장 강했습니다. 고구려는 이 무렵에 조령 부근까지 힘이 뻗쳤는데, 여기에

대항하기 위해 신라와 백제는 동맹을 맺었습니다.

또 신라는 고구려를 방어하기 위해 성을 쌓아 3년 만에 완성하였습니다. 이것은 자비왕 13년에 이루어진 일로, 3년이 걸렸다 하여 '삼년 산성'이라고 했습니다. 성벽은 수직으로 잡석을 층층이 교묘하게 쌓아올리고 틈새를 작은 돌로 끼워 맞추었습니다.

삼년 산성

삼년 산성은 군사적으로 신라의 가장 중요한 곳이 되었습니다.

지증왕

내물왕의 증손이자, 소지왕의 6촌 아우였습니다. 소지왕이 죽자, 아들이 없었던 그의 뒤를 이어 지대로(지증왕)가 왕위에 올랐습니다. 그는 체격이 크고 담력이 컸습니다.

지증왕은 64살에 왕이 되었습니다.

그 후 지증왕 4년에 마침내 나라 이름을 '신라'로 바꾸었습니다. 신라는 소지 마립간과 지증왕에 걸쳐 경제적으로 급속한 발전을 이룩하였습니다.

지증왕은 '우편역마제도'를 개선하였고, 소를 이용해 물자를 편리하게 수송하였습니다.

또한 503년에는 우경을 실시하여 농사의 생산력을 높였으며, 물의 원활한 공급을 위해 저수지를 수리·확대하였습니다.

그리고 마침내 지증왕 13년에는 영토를 울릉도까지 넓혔습니다.

6세기경 신라 영토 표시로 곳곳에 비석을 세웠다.

법흥왕

법흥왕은 국왕의 칭호를 바꾸고, 상대등 제도를 설치하여 국왕의 권한을 강화하였습니다.

상대등이란, 화백회의에 참여하는 귀족 대표를 '대등'이라 하는데, 이들 귀족의 최고 우두머리를 말합니다. 이전에는 왕도 화백회의에 참여하여 귀족의 일원임을 보여 주었으나, 상대등 제도가 마련되고부터는 왕이 참가하지 않고, 상대등을 직접 임명하여 대신 일처리를 맡길 수 있게 되었습니다.

병부 설치, 율령 반포, 불교 공인 또한 그의 업적입니다. 법흥왕은 안정된 정치 체제를 이루었습니다.

진흥왕

백제로부터 한강 유역을 빼앗고, 남으로는 대가야를 점령, 북으로는 고구려 동북부로 진격하여 함경도까지 영토를 넓혔습니다. 이러한 신라의 팽창에는 화랑도의 영향이 컸습니다.

진흥왕은 한산주에 국경 순수비를 세워서 '북한산 비'라 하였습니다.

그리고 지금의 창녕에는 '척경비'를 세우고 이원 근처의 황초령, 마운령 등지까지 국경을 넓히는 데 성공하였습니다. 이때에 이르러 비로소 신라의 국력이 강해졌습니다.

북한산 비

화랑도

신라의 국력을 성장시키는 데에는 '화랑도'가 큰 역할을 하였습니다. 뿐만 아니라 화랑도는 삼국통일의 위업까지 달성하였습니다.

화랑도는 16, 17세의 청소년들이 학문과 무술을 익혀, 나라가 위급할 때 앞장서 싸우는, 인재 양성과 무사 양성의 기능을 담당하는 국가 조직입니다. 특히 원광법사의 세속오계 중 충(忠)과 신(信)을 강조하여 훈련하였습니다.

김대문이 지은 《화랑세기》를 보면, 신라의 어진 재상과 충신이 모두 화랑 출신들이라고 하였습니다. 진흥왕 때의 화랑 정신은 신라를 강국으로 이끈 원동력이 되었습니다.

선덕 여왕

진평왕에게는 왕자가 없었습니다. 진평왕은 병이 깊어 죽음이 가까워지자, 슬기롭고 지혜로운 덕만 공주에게 왕위를 물려주도록 여러 대신들과 가족들에게 유언을 하였습니다.

마침내 진평왕이 세상을 떠나자, 덕만 공주가 신라 제27대 왕으로 올랐습니다. 그가 바로 우리나라 최초의 여왕인 '선덕 여왕'입니다.

선덕 여왕은 어진 신하 을제에게 나랏일을 부탁하고, 제일 먼저 가난한 백성들을 살폈습니다.

굶주리는 사람에게 식량을 나누어 주고, 그들의 이야기에 귀를 기울였습니다. 심지어는 감옥의 죄수들도 찾아가 위로하였습니다. 또한 농사에도 관심을 갖고, 별을 관측하여 미리 날씨를 알 수 있도록 하라고 지시했습니다. 그래서 동양 최초의 천문대인 첨성대가 만들어졌습니다. 첨성대는 높이가 9미터로 화강암으로 이루어졌습니다.

그런가 하면 선덕 여왕은 영묘사, 분황사 등의 큰 절을 지어 백성들에게 불교를 장려했으며, 인재를 뽑아 당나라에 보내어 발달한 문물을 배워 오게 하는 한편, 신라의 학문과 문화 발전에 큰 업적을 쌓았습니다.

첨성대

이때 김춘추와 김유신은 선덕 여왕의 큰 힘이 되었습니다. 김춘추의 외교술과 김유신의 군사력으로 신라가 삼국 통일을 이룰 수 있는 발판을 마련하였던 것입니다.

그리고 자장 율사에게는 황룡사 9층탑을 세우게 해 통일에 대한 백성들의 마음을 모으려고 하였습니다.

이처럼 선덕 여왕은 김춘추, 김유신, 자장 율사와 함께 삼국 통일의 터전을 닦아 나갔습니다.

반란

상대등 비담과 일길찬 염종은 선덕 여왕에게 반감을 갖고 음모를 계획했습니다. 비담은 새해 잔치가 벌어지는 날 인사를 하는 척하면서 여왕을 죽이고, 염종은 명활산성에서 군사를 집결해 기다리고 있다가 쳐들어오기로 했습니다.

그런데 이들의 음모를 알천이 알아차렸습니다. 알천은 여왕에게 이 사실을 알리지 않고, 비담 무리들의 행동을 낱낱이 살폈습니다.

마침내 선덕 여왕 16년(647년) 1월, 새해 잔치가 벌어졌습니다. 비담이 여왕에게 인사를 하러 궁궐로 들어오자, 알천은 잔뜩 노리고 있다가 비담의 목을 쳤습니다. 그리고 김유신은 열흘 만에 반란군을 무찔렀습니다.

그러나 이 사건으로 충격을 받은 선덕 여왕은 얼마 있지 않아 세상을 떠나고 말았습니다.

김유신과 김춘추

김유신의 아우는 김흠순이며, 맏누이는 보희이고, 누이동생은 문희입니다.

어느 해 정월 보름, 김유신은 김춘추를 초대하여 집 근처 넓은 뜰에서 축국놀이를 즐겼습니다. 축국놀이는 꿩 깃이 꽂힌 공을 발로 차는 놀이였습니다.

김유신은 축국을 하다가 일부러 김춘추의 옷자락을 힘껏 밟았습니다. 옷은 찌익 소리를 내며 터졌습니다. 그러나 김춘추는 놀이에 정신이 팔려 옷이 터진 줄도 몰랐습니다. 한참 놀고 난 김춘추는 돌아가려고 할 때, 비로소 소맷자락이 터진 것을 알았습니다.

"우리 집에 오셨다가 그렇게 되었으니, 소생의 집에서 꿰매는 게 좋

겠습니다."

김유신은 김춘추를 데리고 집 안으로 들어갔습니다. 방 안에 있던 보희와 문희가 얼른 일어나서 김춘추에게 인사를 하였습니다.

"상공께서 옷이 조금 터졌으니, 보희 네가 꿰매 드려라."

김유신이 말하자, 보희는

"어찌 하찮은 일로 귀공자를 가까이 하겠습니까?"

하고 다른 방으로 건너갔습니다. 김유신이 이번에는 문희에게 청했습니다.

"네가 좀 꿰매 드리겠니?"

"그러겠습니다."

김춘추는 문희 앞으로 다가갔습니다. 문희는 제 반짇고리에서 비단실과 바늘을 가지고 와서 얼굴을 다소곳이 숙인 채 터진 곳을 꿰맸습니다.

옷을 다 꿰맨 문희가 김춘추에게 말했습니다.

"천한 소녀가 귀공자의 옷을 꿰매 드리게 되어 영광이옵니다."

30살이 넘어 이미 결혼을 한 김춘추는 그런 문희를 보고 마음이 끌리는 것을 어쩔 수 없었습니다.

그 후 김춘추와 문희는 남의 눈을 피해 만났습니다.

그러던 어느 날 김유신은 문희가 아기를 가진 것을 알게 되었습니다. 그러나 김춘추에게는 본부인이 있으니, 첩으로 들어갈 수밖에 없었습니다. 김유신은 문희를 김춘추의 정식 부인으로 들여보낼 궁리를 하였습니다.

그러던 어느 날, 하루는 선덕 여왕이 신하들을 거느리고 김유신의 집 앞에 있는 남산으로 거동을 하게 되었습니다.

김유신은 선덕 여왕과 신하들이 남산에서 쉬고 있을 때, 자기 집 마당에 나무를 잔뜩 쌓아 연기가 피어오르게 불을 질렀습니다. 그러자 얼마 후 그 연기를 본 선덕 여왕은 궁금하게 여기며 신하에게 물어보았습니다.

김유신이 누이동생을 태워 죽이는 것이라는 대답에 선덕 여왕은 기겁을 하며 그 이유를 또 물었습니다.

"어느 진골의 아이를 가졌기 때문이랍니다."

이때 이 말을 곁에서 듣고 있던 김춘추는 얼굴이 빨개져서는 선덕 여왕에게 그동안의 일을 다 털어놓았습니다.

이렇게 하여 문희와 김춘추는 마침내 정식 결혼을 하게 되었습니다. 그런데 이것 또한 김유신이 김춘추의 옷을 밟은 것처럼 계획적인 일이었습니다.

뒷날, 김춘추는 태종무열왕이 되었으며, 문희는 왕비가 되었습니다.

삼국 통일

마침내 태종무열왕이 된 김춘추는 당나라와 연합하여 백제를 치기로 하였습니다.

당나라 대장군 소정방은 13만 대군을 이끌고 원정길에 올랐습니다.

660년 5월 26일 태종무열왕도 군사를 이끌고 백제 원정길에 올랐습니다. 신라군은 6월 18일 남천에 도착했습니다.

이 무렵, 당나라 대군은 황해를 건너 덕물도에 진을 쳤습니다.

신라의 상대등 김유신은 5만 명의 군사를 거느리고, 아우 김흠순 그리고 김품일 장군과 함께 백제의 국경을 넘었습니다. 김유신은 백제의 여러 성을 휩쓸며 마침내는 황산에 진을 쳤습니다.

이 무렵, 백제의 계백 장군은 5천 결사대로 신라군과 황산벌에서 마주쳤습니다. 신라 군사는 백제보다 10배가 많았습니다. 그러나 신라군은 연이어 4번이나 패했습니다.

그런데 바로 이때, 신라의 나이 어린 화랑 관창이 나서며 자신이 나가 대결하겠다고 적진을 향해 달려갔습니다.

관창은 말을 타고 창을 비껴든 채로 적진 깊숙이 내달았습니다. 얼마 후 관창을 사로잡은 백제군은 그가 어린 소년임을 알고는 되돌려 보냈습니다. 그러나 신라군 진영으로 돌아온 관창은 꼭 계백의 목을 자르겠다며 백제군을 향해 다시 내달렸습니다.

"계백은 나와서 내 칼을 받아라!"

백제군은 또다시 관창을 사로잡아 계백 앞으로 데리고 갔습니다.

계백은 하는 수 없이 관창의 목을 내리쳤습니다. 관창의 머리는 말에 실려 신라군 진영으로 보내졌습니다.

그런데 이 모습을 보고 사기가 오른 신라군은 성난 파도처럼 적진을 향해 달렸습니다. 백제의 5천 결사대도 신라군을 맞아 힘을 다해 싸웠습니다. 그러나 사기가 오를 대로 오른 10배가 넘는 신라군을 백제군이 이길 수는 없었습니다. 황산벌은 백제군의 피로 물들었습니다. 계백의 5천 결사대는 모두 죽고 말았습니다.

김유신은 마침내 백제를 멸망시켰고, 삼국 통일을 눈앞에 바라보게 되었습니다. 김춘추는 외교로, 김유신은 명장으로 삼국 통일의 위업을 이룬 것입니다.

김유신의 묘

일본에 전해진 삼국 문화

삼국 시대 때의 일본은 백제에 자주 사신을 보냈습니다. 또한 근초고왕 때부터는 일본의 사신들이 자주 찾아왔습니다.

일본의 사신들은 이즈음 예물을 가지고 와서 백제의 발달된 문화와 기술, 여러 가지 서적이나 물품 등을 얻어 갔습니다.

또한 학자 아직기를 보내어 유학을 전해 주었습니다. 백제의 성왕 또한, 일본에 불교와 우리 문화를 전해 주었습니다. 일본은 이로써 고대 문화의 뿌리를 내리게 되었습니다.

백제의 박사 왕인은 일본에 《논어》 10권과 《천자문》 1권을 가져가서, 일본 왕자는 물론 많은 대신들을 가르쳤습니다.

그런가 하면 일본은 아직기와 박사 왕인 외에도 백제 왕의 손자인 진손과 무령왕 때의 단양, 고안무 등도 모셔가서 가르침을 받아 유교를 발전시켰습니다.

그뿐 아니라, 화공과 기와를 굽는 기술자인 와공도 일본에 건너가서 우리의 미술과 기술을 가르쳐 주었으며, 바느질, 베짜는 기술, 대장장이 기술, 심지어는 간장과 술 담그는 방법 등 이루 헤아릴 수 없이 많은 것을 그들에게 가르쳐 주었습니다.

또한 일본인들은 도자기를 만드는 도공, 말안장 등을 만드는 안공,

비단 짜는 금공 등도 모셔갔습니다.

백제는 의약도 일본에 전해 주었습니다.

고구려는 북쪽에 자리 잡고 있어서 일본과의 무역이 쉽지는 않았지만, 고구려의 대승 혜자는 백제의 대승 혜총과 함께 일본의 호쿄 태자의 스승이 되어 불교를 전해 주었으며, 담징은 610년에 일본 승려들과 함께 지내며 불법을 강론했고, 채화와 공예는 물론 종이와 붓과 먹 만드는 법을 가르쳐 주었습니다.

담징이 그린 호류사의 금당 벽화는 동양 최고의 3대 미술품 중 하나로 손꼽히고 있습니다.

그런가 하면 고구려 사신들은 쇠로 만든 화살촉과 방패 등의 무기를 일본에 전해 주었는데, 일본인들은 그 화살로 궁술 대회를 열었습니다.

한편, 신라는 일본과 가까우면서도 사이가 별로 좋지 않았습니다. 왜구들이 신라를 자주 침범했기 때문입니다.

신라에서는 3세기 말에 배 만드는 기술과 저수지를 만드는 기술을 일본에 전하였습니다. 그리고 신라에서도 많은 기술자가 일본으로 건너갔습니다.

또한 '고구려악', '백제악', '신라악' 삼국의 음악이 전해져 일본의 고대 음악을 발전시켰습니다.

5장

통일 신라

문무왕

김춘추 태종무열왕의 아들인 문무왕은 통일 이후 전제 왕권을 강화하기 위하여 진골 귀족의 군사력을 약화시키고, 관료 체제를 새롭게 정비하였습니다.

또한 전국의 행정 구역과 군사 조직도 재정비하여 전국을 9주로 나누었으며, 특수한 지역에는 5소경을 두었습니다. 그리하여 주의 장관으로는 총관을, 주의 관할 하에 있는 군과 현에는 태수와 현령을 임명하였습니다.

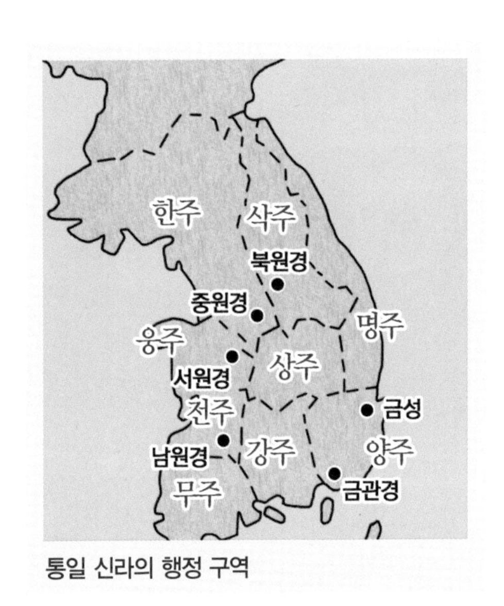

통일 신라의 행정 구역

그리고 법전과 행정 관서를 정비한 후 행정관료는 6두품 이하에서 뽑아 충원하였습니다. 이로써 진골 귀족의회의 기구인 '화백계'는 힘을 잃게 되었고, 상대등의 세력도 약화되었습니다.

이렇게 탄압을 받게 된 진골 귀족들은 김흠돌을 중심으로 문무왕이 죽고 난 뒤, 한 달 만에 그의 아들 신문왕을 몰아내려고 반란을 일으켰습니다.

그러나 반란은 실패로 끝나고, 이를 기회로 신문왕은 왕권 강화를 더욱 확고히 하였습니다.

장보고

장보고의 어릴 적 이름은 '궁복'이었습니다. 궁복은 가난한 어부의 아들로 태어나 신라의 작은 섬에서 자랐습니다. 장궁복은 두어 살 아래인 정연과 아주 친하게 지내었습니다.

장궁복은 힘이 세고 사리에 밝았고, 정연은 수영을 아주 잘했습니다.

어느 날 두 소년은 당나라에서 배가 오기만을 기다렸다가 계획한 대로 밤중에 몰래 그 배로 숨어 들어가 창고에 숨었습니다. 그리고 마침내 그 배는 신라를 떠나 당나라에 무사히 도착했습니다.

당나라에 간 두 소년은 운 좋게 어느 중국 노인 무사의 집에서 심부름을 해 주며 무예를 닦았습니다. 두 소년의 무예는 나날이 눈에 띄게 향상되었습니다.

몇 해가 지나자, 장궁복과 정연은 청년 무사가 되었습니다. 신라의 두 청년 무사는 검술, 창술, 마술, 궁술 등을 통달하였습니다.

그리고 마침내 두 청년은 나라에서 여는 무술 대회에 참가하여 이름을 떨치게 되었습니다. 이 무렵 장궁복은 이름을 '장보고'로 바꾸었습니다.

얼마 뒤, 장보고는 당나라 서주 지방에서 무령군 소장으로 장군이 되었습니다. 그리고 정연도 장군이 되었습니다.

그런데 그 당시 신라 사람으로 당나라의 장군이 된다는 것은 무척 어려운 일이었습니다.

이 무렵에 바다에서는 해적들이 판을 치고 있었습니다. 해적들은 노략질을 일삼고 신라의 소년들을 붙잡아 당나라에 노예로 팔기도 했습니다. 어느 날 이를 목격한 장보고는 곧 당나라 조정에 해적을 소탕하고, 억울하게 잡혀 와서 팔린 신라의 노예들을 풀어 달라고 하였습니다. 그러나 당나라 조정에서도 해적들의 행패에 골치를 썩고 있었던 터라 말로는 장보고의 청을 들어 주었지만, 실제로는 손을 대지 못하였습니다.

그러자 장보고는 마침내 고국으로 돌아가 해적을 소탕하기로 결심했습니다. 그리고 얼마 뒤 장보고는 장군 벼슬을 버리고, 20년 만에 혼자 신라로 돌아왔습니다.

장보고는 흥덕왕을 찾아가 신라의 소년들이 마구 해적에게 잡혀서 당나라의 노예로 팔리고 있음을 보고 당나라 장군 벼슬을 버리고 해적을 소탕하러 왔다고 아뢰었습니다.

왕은 장보고의 말을 자세히 듣고는 깜짝 놀랐습니다. 신라 조정에서는 이 사실을 까맣게 모르고 있었던 것입니다.

왕은 곧 장보고를 청해진 대사에 임명하고 군사 만 명을 내주었습니다. 흥덕왕 3년, 828년의 일이었습니다.

장보고는 청해진(완도)을 군사 항구로 만들고, 군사들을 훈련시키고 군선을 만들었습니다.

장보고는 밤낮을 가리지 않고 군선 만드는 일을 지휘 감독하였습니다. 마침내 군선 한 척이 완성되었습니다. 장보고는 그것을 타고 여러

가지 실험을 해 본 다음, 부족한 점을 고쳐서 많은 군선을 만들 때 본보기로 삼았습니다.

날이 갈수록 청해진에는 크고 튼튼한 군선이 늘어 갔습니다.

군선이 다 만들어지자, 장보고는 훈련시킨 수군을 배에 태워 해적을 소탕하기 위해 바다로 나갔습니다.

장보고는 해적선을 유인해 양쪽에서 일제히 공격을 했습니다. 해적들은 놀라서 도망치려 했으나, 신라의 군선에 포위 돼 해적선은 공격을 받고 한 척 두 척 불에 타서 바다 속으로 가라앉았습니다.

청해진 대사 장보고는 해적을 보는 대로 소탕하여 신라, 당나라, 일본의 삼국 무역을 안전하게 도왔습니다. 이로써 장보고는 바다의 영웅이 되었습니다. 뿐만 아니라 해상권을 장악한 장보고는 청해진을 지나는 당이나 일본의 선박에 통행세를 부과하고, 당·일본과 무역을 하여 해상 자본가로 성장했습니다.

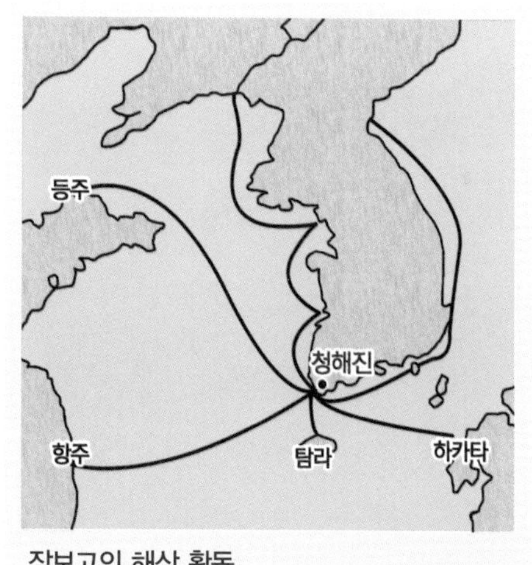

장보고의 해상 활동

이때 중앙 정계에서 희강왕과 왕위 다툼을 벌이다 패배한 김균정의 아들 김우징은 화를 피해 청해진으로 피신해 오고, 이듬해에는 김균정의 사위 두 사람까지 피신해 왔습니다. 이로써 장보고는 중앙 정계와 관련을 맺게 되었습니다.

838년 희강왕을 살해한 김명이 민애왕으로 즉위하자, 김명과 대립하던 김양이 왕위 다툼에 장보고를 끌어들였습니다. 이렇게 하여 장보고는 민애왕을 제거하고, 839년 김우징을 신무왕으로 추대하였습니다.

그 뒤 신무왕의 아들 문성왕이 장보고의 딸을 차비(次妃)로 삼으려 하자 귀족들이 강력히 반발하며 일어섰습니다. 이에 화가 난 장보고는 자신의 공을 몰라준다며 청해진에서 반기를 들었습니다.

그러자 막강한 장보고의 세력에 겁을 먹은 조정은 자객을 보내 장보고를 살해하였습니다. 846년의 일이었습니다.

경문왕

경문왕의 이름은 '응렴'으로, 18살 때 화랑이 되었습니다. 응렴이 왕이 되기 전 일입니다.

어느 날 헌안왕은 응렴을 불러 잔치를 벌였습니다.

"화랑으로서 다니며 본 일을 이야기해 주겠나?"

헌안왕이 응렴에게 물었습니다.

"신은 선행을 한 세 사람을 보았습니다. 먼저는 윗자리에 있으면서 겸손하여 남의 밑자리에 앉은 사람이고, 다음은 부자이면서도 검소한 생활을 하는 사람입니다. 그리고 끝으로 막강한 권력을 가지고 있으면서도 그 위엄을 부리지 않는 사람입니다."

응렴은 공손히 대답했습니다.

헌안왕은 이 말을 듣고 응렴이 큰 인물임을 알고, 자신의 두 딸 중에

서 아내를 고르라고 하였습니다.

집으로 돌아온 응렴이 부모님에게 그 사실을 말했더니, 부모님은 응렴이 아름다운 둘째 공주를 아내로 삼길 바랐습니다.

그런데 그때 화랑도의 우두머리인 모범사가 그 소문을 듣고 찾아와 응렴에게 당부하였습니다.

"그대가 만일 둘째 공주를 맞는다면 내가 그대 앞에서 죽을 것이고, 첫째 공주를 맞는다면 세 가지 좋은 일이 있을 터이니 내 말을 헛되이 듣지 말게."

그리하여 응렴은 모범사의 말을 따라 별로 예쁘지 않은 첫째 공주와 결혼을 하였습니다. 그런데 결혼한 지 3개월 뒤에 왕은 병이 위독하여 신하들을 불러 놓고 유언을 하였습니다.

"나에게는 아들도 손자도 없으니, 장사를 치른 뒤에는 마땅히 맏딸의 남편인 응렴이 왕위를 잇도록 하시오."

응렴은 곧 왕의 유언에 따라 왕위에 올랐습니다. 이때 모범사가 찾아와서 말했습니다.

"제가 말씀드린 세 가지 좋은 일이 모두 이루어졌습니다. 맏공주를 맞아 왕위에 올랐으니, 이것이 그 첫째이고, 아름다운 둘째 공주도 가질 수 있으니, 두 번째 좋은 일이지요. 그리고 맏공주를 맞아 전왕과 왕비가 매우 기뻐하였으니, 세 가지가 모두 이루어진 것이지요."

왕은 모범사의 지혜에 감탄하고 대덕이라는 벼슬을 내리고 많은 상을 주었습니다.

그런데 어찌 된 일인지 경문왕(응렴)은 왕이 된 뒤부터 귀가 자꾸만

길어져서 당나귀의 귀같이 되었습니다. 왕후조차도 이 사실을 몰랐습니다. 사모를 만드는 장인만이 알고 있었습니다.

그런데 왕은 누구에게도 이 비밀을 알리고 싶어하지 않아 사모장이는 누구에게도 이 사실을 얘기할 수가 없었습니다. 그러자 그것이 그만 병이 되고 말았습니다.

사모장이는 속으로만 끙끙 앓다가, 하루는 도림사의 대숲을 찾아갔습니다. 그곳에는 사람이 하나도 없었습니다.

주위를 잘 살펴본 사모장이는 대숲에 대고 마구 소리쳤습니다.

"우리 임금님 귀는 당나귀 귀다! 임금님 귀는 당나귀 귀!"

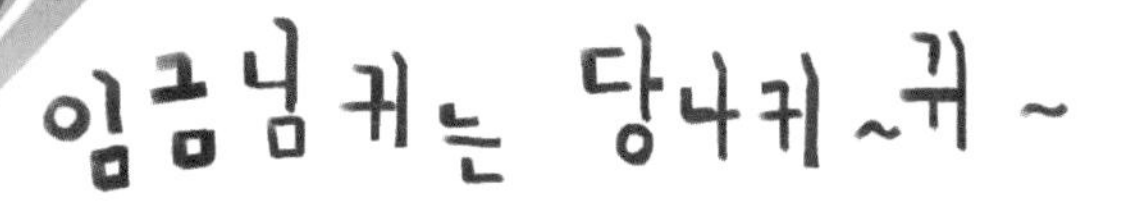

사모장이는 그제야 가슴이 후련하였습니다.

그 후 어느 날, 왕은 도림사의 대숲이 있는 곳을 지나가게 되었습니다. 그런데 마침 그때 바람이 세게 불었습니다. 바로 그때였습니다.

"우리 임금님 귀는 당나귀 귀다!"

이런 소리가 바람에 흔들리는 대숲에서 들려오는 것이었습니다. 왕은 깜짝 놀라 그 대숲을 모조리 베어 버리라고 명령하였습니다.

그리고 대숲을 벤 자리에는 산수유를 심었습니다. 그 뒤부터는 바람이 세게 불 때마다

"우리 임금님 귀는 길다!"

하는 소리만 났다고 합니다.

사회와 문화

골품 제도는 중앙집권국가로 성장하면서 주위의 세력 있는 부족을 흡수, 통합하는 과정에서 생겨난 것입니다. 진골, 6두품, 5두품, 4두품으로 나뉘는데, 진골은 박, 석, 김씨 왕족과 신라에 항복한 금관가야의 왕족 가야 김씨이며, 그 아

래로 세력의 크기에 따라 6두품, 5두품, 4두품 순으로 나누었습니다.

그리고 신분에 따라서 집의 크기, 옷차림, 심지어는 사용하는 그릇까지 달랐습니다.

또한 벼농사가 활발하게 이루어졌습니다. 때문에 저수지뿐만 아니라, 홍수에 대비하여 제방도 튼튼히 쌓았습니다.

지증왕 때에는 처음으로 소를 이용하여 땅을 갈았습니다. 눌지왕 때부터는 소가 끄는 수레를 이용하였습니다.

바다와 접해 있는 신라는 어업도 발달하였습니다.

그런가 하면 직조, 금속기 이외에 특히 사치품의 장식 수공업도 발달했습니다.

한편으로는 '향가'가 있었는데, 이것은 이두로써 시가의 내용을 표현한 것입니다. 화랑과 스님들이 향가를 지었습니다.

내물왕 때부터는 한자를 사용하였고, 지증왕 때 대륙의 문물이 들어와서 진흥왕 때 학문이 크게 발달했습니다.

신문왕 때 설치한 '국학'은 신라의 최고 교육 기관이었습니다.

신라의 음악가이며 거문고의 대가인 옥보고는 지리산에 들어가서 50년 동안이나 공부했으며, 왕산악의 악곡을 받아들여 거문고의 새로운 가락 30여 곡을 지었습니다.

또한 신라에는 옷을 백 번이나 기워 입었다는 백결 선생이 '방아 타령'을 지어 유명해졌습니다.

가야금의 시조인 우륵은 대가야에 살다가, 뒤에 신라로 건너가서 제자들에게 음악과 춤을 가르쳤습니다. 그의 제자인 계고는 가야금을, 법

지는 노래를, 만덕은 춤을 배웠습니다. 우륵은 일생 동안 185곡을 지었습니다.

예술의 발달

신라의 석굴암은 불국사와 함께 세계적인 예술품으로 손꼽힙니다.

법흥왕 때 세운 불국사는 김대성이 왕에게 아뢰어 경덕왕 때 다시 세운 것으로서, 석굴암과 함께 지은 것입니다.

불국사는 원래 2천 칸이 넘는 큰 절이었습니다. 나무로 지은 불국사 건물은 임진왜란 때 불에 타서 없어졌는데, 조선 시대 후기에 다시 지어 보존되다가 최근에 다시 복원하였습니다.

불국사 앞쪽에 있는 청운교와 백운교의 돌층계, 그리고 그 옆에 있는 연화교와 칠보교도 뛰어난 예술품입니다.

대웅전 앞뜰에는 석가탑과 다보탑이 마주 서 있는데, 이것 또한 신라 예술의 걸작품입니다. 이 두 탑은 아주 대조적입니다. 석가탑이 우아하고 소박하여 남성적이라면, 다보탑은 화려하고 섬세하여 여성적입니다.

석굴암 본존불

석굴암은 중국의 윈깡 석굴, 일본의 호류사

석가탑

다보탑

사원과 더불어 동양 3대 예술로 손꼽히고 있습니다.

신라의 석탑 중에서 구례에 있는 화엄사의 4사자 3층 석탑, 감포에 있는 감은사 3층 석탑 또한 걸작품으로 손꼽힙니다.

신라의 불상 중에서 석굴암 중앙에 있는 본존불상, 벽에 새긴 보살입상, 11면 관음상, 나한상 등도 훌륭한 미술품입니다.

경주 안압지 가에 있는 임해전과 포석정은 신라 귀족들의 사치스러웠던 모습을 말해 주고 있습니다.

신라의 종으로는 상원사에 범종, 성덕 대왕 신종이 있습니다. 신종은 '에밀레종'이라고도 합니다.

그리고 신라의 과학 기술 중 두드러진 것은 인쇄물입니다.

경덕왕 때 다라니경이 만들어졌습니다. 세계 최초의 목판 인쇄본

인 다라니경이 발견됨으로써 목판 인쇄술의 발달을 알 수 있게 되었습니다.

그런가 하면 천문학자 김암은 혜공왕 때 당나라에 유학하여 음양 병법을 배워서 병학과 천문학을 발전시켰습니다.

신라 말기에 스님 도선은 '지리도참설'이라는 지리학을 들여와서, 인문 지리와 도참 신앙을 엮은 《도선 비기》라는 책을 지었습니다.

이처럼 높은 예술이 발달할 수 있었던 것은 나라가 안정되고 생활이 풍족했기 때문입니다. 그리고 여기에 불교의 융성이 큰 원동력이 되었습니다.

진골 출신의 학자인 김대문은 많은 책을 남겼는데, 《계림잡전》, 《화랑세기》 등은 그 후 고려 때 김부식이 《삼국사기》를 편찬하는 데 귀중한 자료가 되었습니다.

신라의 학자 중에서 대표적인 인물은 최치원입니다. 최치원은 857년, 금성 사량부에서 태어났습니다. 당시는 통일 신라가 기울어져 가고 있을 때여서 귀족들과 대신들의 정권 다툼이 끊이지 않고, 곳곳에서 반란이 일어났습니다.

최치원은 4살 때부터 아버지에게 글을 배웠습니다. 그 후 12살이 된 최치원은 당나라 유학의 길을 떠났습니다. 당나라로 건너간 나이 어린 최치원은 오로지 공부에만 열중했습니다.

최치원이 당나라에 온 지도 몇 년이 지났습니다. 17살이 된 최치원은 당나라 과거 시험에 당당히 급제하였습니다.

최치원은 과거에 합격한 뒤, 강남도 선주 표수현의 현위라는 당나라 벼슬을 받았습니다.

그러나 당나라 사람들의 시기와 모함을 받아 결국 그는 벼슬을 그만두고 학문에만 매달렸습니다.

이 무렵 당나라는 황하 유역에 큰 홍수가 나 식량이 부족해지자 민심이 나빠지고 도적떼가 들끓었습니다. 그때 황소라는 자가 산뚱성에서 반란을 일으켰습니다. 그들은 광조우를 휩쓸고 장안(당나라의 서울)을 향해 쳐들어오기 시작했습니다.

당나라 황제인 희종은 고변을 시켜서 반란군을 토벌케 하였습니다.

고변은 최치원을 불러 종사관으로 삼았습니다. 고변은 원래 고구려 출신의 장군으로 당나라에 귀화한 고순문의 손자였습니다.

그러나 토벌군은 반란군에게 계속해서 패했고, 마침내 희종은 남쪽으로 피신을 가야 했습니다.

그런데 이때 최치원이 '토황소 격문'을 써 황소의 기를 눌러 놓았습니다.

천하의 모든 사람들이 이미 죄를 주고자 할 뿐만 아니라,
또한 땅 속의 귀신들 역시 이미 그대들을 죽이기로 결정했노라.

이 격문을 본 황소는 군사를 거두어 후퇴하기 시작했습니다. 고변은 미처 도망치지 못한 황소의 무리들을 무찔렀습니다.

최치원은 고변의 종사관으로 있으면서 지은 글을 모아《계원필경》20권을 엮어 내었습니다.

희종은 최치원에게 벼슬을 내리고, 자금 어대를 내렸습니다. 어대는 물고기 모양의 장식이 붙은 주머니인데, 당나라 때 관리의 신분을 표시하던 것이었습니다.

그러나 최치원이 황제의 신임을 받자, 당나라 학자들이 대신을 움직여서 모함을 하여 최치원은 외딴 섬으로 귀양을 가게 되었습니다.

그 후 귀양살이에서 풀려난 최치원은 마침내 29살 때 신라로 돌아왔습니다. 부모 곁을 떠난 지 17년 만에 돌아온 것입니다.

헌강왕은 최치원에게 시독 겸 한림학사 등 여러 벼슬을 한꺼번에 내렸습니다. 그러나 이듬해에 헌강왕이 죽고, 정강왕이 왕위에 올랐습니다. 하지만 정강왕도 곧 세상을 떠났습니다.

그 뒤를 이어 진성 여왕이 왕위에 올랐으나, 행실이 좋지 못하여 그 주변에는 간신들이 끊이지 않았습니다.

최치원은 스스로 지방 관직을 택하여 887년 대산군, 천령군, 부성군의 태수를 차례로 지내며 학문 연구를 하였습니다. 그러다 893년에 최치원은 당나라 사신으로 임명되었으나, 나라가 어지러워서 떠나지 못했습니다.

이듬해인 진성 여왕 8년, 최치원은 '시무 10여책'을 지어 새로운 정치를 펴도록 여왕에게 건의했으나 실행되지 못했습니다.

그 무렵 백성들 중에는 궁예나 견훤을 찾아 도망치는 사람들도 많았습니다. 진성 여왕도 더 이상 나라를 다스릴 힘이 없어서, 왕위를 헌강왕의 서자인 요에게 물려주었습니다.

최치원은 벼슬을 내놓고 방랑의 길을 떠났습니다. 금오산, 월영대, 쌍계사, 청량사, 해운대 등지를 방랑하던 최치원은 가야산 해인사로 들어가 도를 닦다가 세상을 떠났습니다. 그가 언제 어떻게 죽었는지는 아무도 모릅니다.

6장 발해

건국과 멸망

당나라는 고구려가 망하자 10만여 명의 고구려 유민을 사로잡아 요서 지방의 영주로 강제 이주시켰습니다. 이것은 당나라의 고구려 유민에 대한 이민 정책이었습니다.

이때 영주에 있던 거란이 반란을 일으켜 이를 점령했습니다. 이 틈을 이용해 7세기 말 고구려 유민의 지도자인 대조영(고왕)은 그 무리와 일부 말갈족의 무리를 거느리고 영주를 탈출하여 동모산(길림성 돈화)에서 698년 나라를 세웠습니다. 이것이 우리나라 역사의 정통 국가인 '발해'입니다.

대조영은 발해를 세운 뒤 돌궐족과 손잡고 당나라에 대항했습니다.

"우리는 고구려의 옛 땅과 정신을 이어받았으니만큼 조금도 부끄럽지 않다!"

그러다가 705년, 당나라에서 시어사 장행급을 보내어 화해를 청해 왔습니다.

그 뒤 평화가 계속되었습니다.

발해는 당나라 제도를 받아들여 문물을 발전시켰습니다.

713년, 당나라로부터 대조영은 '발해군 왕'에 봉해지고, 나라 이름은 '발해'라고 고쳤습니다. 그 뒤 발해는 고구려의

발해 건국

옛 땅을 되찾아 '해동의 성국'을 이룩했습니다.

발해 시조 대조영은 21년 동안 기반을 닦았고, 아들 2대 무왕과 3대 문왕 때에 이르러서는 영토가 넓어지고 문화가 발달하였습니다. 721년에는 동북경에 큰 성을 쌓기도 하였습니다.

발해의 전성기는 제10대 선왕 때입니다. '해동성국'으로 이름을 떨친 것도 이 무렵입니다. 해동성국이란, 동쪽에 있는 예의바른 나라라는 뜻입니다.

이때에 이르러 5경 15부와 지방 제도가 완전히 갖추어졌습니다. 그리고 영토는 동북쪽으로 연해주를 지나 흑룡강·송화강에 이르고, 서쪽으로는 압록강 하류에서 구련성·개원·농안의 서편을 통하여 거란과 요동에 닿았으며, 남으로는 대동강·원산만까지 뻗쳐 신라와 국경을 이루었습니다.

이처럼 강성했던 발해였지만, 10세기 초 동몽고에 있던 유목 민족인 거란의 추장 야율아보기가 중국을 공격한 뒤로 기울어지기 시작했습니다. 그러다 마침내 발해는 제14대 애왕 때 거란의 침입을 받아 상경 용천부가 함락당함으로써 14대 228년 만인 926년에 멸망했습니다.

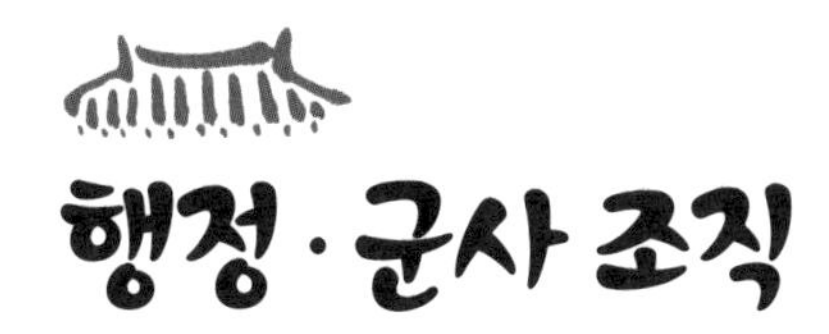

행정·군사 조직

중앙 행정기구로는 정당성·중대성·선조성 3성과 그 아래 6부를 두어 실무를 맡게 했습니다. 이러한 정치 조직은 당나라의 3성 6부를 모방한 것이기는 하지만, 운영 방식은 전혀 달랐습니다.

또한 광대한 지역을 5경 15부 62주로 나누어 다스렸습니다. 지방의 주요 중심지를 경, 지방의 큰 행정구역을 부로 나누고, 그 밑에 주와 현을 두어 행정구역을 정비했습니다.

군대는 8위로 구성되어 있으며, 중앙 군대는 왕궁과 수도의 성을 지키며, 지방군은 지방 행정 장관의 아래 평시에는 무기, 군마, 군량 등 전쟁 물자를 준비하거나 성을 쌓고 농사를 지으면서 훈련을 받았습니다.

문화

발해는 당나라와 문물을 교류하여 산업이 발달하였습니다. 또한 당나라 문화를 본떠 독특한 발해의 새 문화를 싹틔웠습니다.

또한 고구려 유민들인 귀족들에 의해 5경을 중심으로 불교적인 색채가 발달하였습니다.

그 중에서 제3대 문왕 때 옮겨서 오랫동안 정치 · 문화의 중심지가 된 상경 동경성이 가장 발달했습니다.

수도인 상경 주변에 40리 가량 되는 토성이 내성과 외성으로 이루어졌고, 중앙에는 주작 대로를 중심으로 시가지가 질서 정연하게 구획되어 있었습니다.

지금도 그곳에서는 왕궁을 비롯하여 돌계단 · 석등 · 기와 · 벽돌 같은 것이 많이 나오고 있어서 발해의 번영을 말해 주고 있습니다. 이들 미술과 공예품은 고구려의 영향을 받아 대륙적이고 진취적입니다. 그러면서 여기에 발해의 독특한 소박함도 엿보입니다.

그리고 발해의 분묘는 횡혈식의 고구려 계통입니다.

또한 교육기관으로는 '주자감'이 있었습니다. 이것은 국립 대학교와 같은 전문 기관으로, 주자감의 학생 가운데에는 당나라 유학생도 많았습니다.

고구려 계통의 상류 귀족들은 불교와 유교를 믿었으나, 평민층을 이루는 말갈족들은 미신에 얽매어 있었습니다.

산업은 농업과 광철업이 성했고, 베와 명주도 생산되었습니다.

삼채병

한편, 농업 생산에 보습, 낫, 가래 등이 보편적으로 이용되었고, 우경이 행해졌습니다. 농작물에는 조, 보리, 피, 콩, 벼가 재배되었으며, 책성에서는 큰 콩을 심어 된장을 만들었습니다.

연꽃무늬 벽돌

그런가 하면 발해는 도자기를 만드는 기술 또한 발달하여 다양하고 뛰어난 제품을 많이 만들었습니다.

또한 철, 동, 금, 은 등의 광물이 생산되어 철

을 제련하는 데에도 능숙했습니다. 그리하여 삽, 칼, 끌, 창, 검, 화살촉, 갑옷비늘, 솥, 향로, 못, 가위 등을 만들어 냈습니다.

목축업과 어업, 수렵은 또한 발해 경제의 중요한 비중을 차지했습니다. 돼지, 말, 소, 양은 대량으로 사육하였습니다.

7장

후삼국

태봉국의 궁예

궁예는 신라인으로 성은 김씨입니다. 헌안왕의 후궁에게서 태어났다는 이야기도 있습니다.

궁예는 외가에서 태어났는데, 이때 어떤 사람이 "아이가 장래에 나라에 이롭지 못할 것이니 기르지 마라."고 했다고 합니다. 그래서 아이를 내던져 죽이려 했는데, 마침 유모가 몰래 받아 남모르게 아이를 길렀습니다.

궁예가 애꾸눈이 된 것은 이때 유모가 잘못 받아 손으로 궁예의 눈을 찔렀기 때문입니다. 그 후 궁예는 10여 살 때 스스로 머리를 깎고 중이 되었습니다.

이 무렵 신라는 정치가 문란하여 곳곳에서 도적이 일어나고 있었습니다.

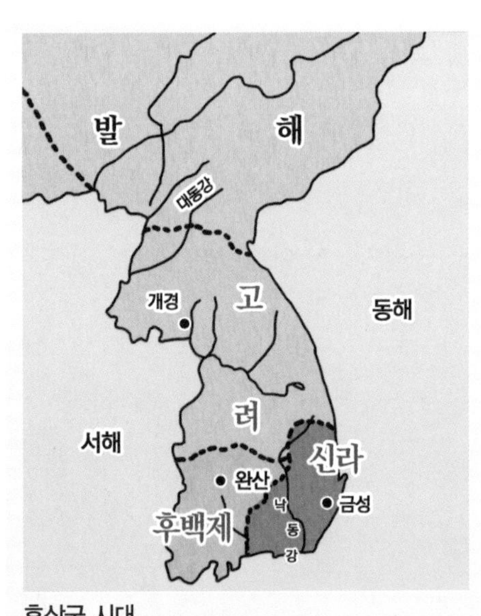

후삼국 시대

궁예 또한 남자로 태어나서 중 노릇만 하다가 일생을 마칠 생각은 없었습니다.

궁예는 절을 나와서 도적의 괴수인 기훤의 부하로 들어갔습니다. 그런데 기훤은 사람됨이 거칠어서 궁예를 마구 다루었습니다.

결국 궁예는 기훤을 버리고 이번에는 북원의 도적인 양길의 부하가 되었습니다. 양길은 기훤과는 달랐습니다. 그는 백성들에게 우러름까지 받고 있었습니다.

양길은 궁예를 신임하여 그에게 군대까지 맡기며 후하게 대접해 주었습니다.

궁예는 용맹스러울 뿐만 아니라, 이 무렵에는 빼앗은 물건을 여러 사람들에게 골고루 나누어 주어 칭송을 받았습니다.

궁예가 거느리는 군졸의 수효는 날이 갈수록 많아졌습니다.

또한 궁예는 싸움을 할 때마다 승리를 거두어 강원도 여러 고을까지 차지했습니다. 이 무렵에 송악 출신의 왕건도 궁예의 부하로 들어왔습니다.

왕건의 힘까지 합친 궁예는 신라의 북쪽 변두리 지방을 휩쓸었고, 마침내는 송악군을 수도로 정하여 나라를 세웠습니다. 이것이 '후고구려' 입니다.

후고구려는 장차 고구려를 다시 세울 꿈을 간직하고 있었습니다.

그런데 북원의 양길은 자기 부하가 이처럼 크게 성공하자 시기를 하였습니다. 하지만 이제 궁예는 옛날의 궁예가 아니었습니다. 북원의 양길이 먼저 궁예의 땅을 침범하자, 궁예는 반격을 하여 그를 죽이고 점령 지역을 차지하였습니다.

904년(신라 효공왕 8년)에는 세력이 점점 커져 마침내 궁예는 나라 이름을 '마진'이라 하고, 광평성을 두어 나랏일을 의논하게 하였습니다. 그리고 각 지방에는 관청을 두어 나라의 기초를 튼튼하게 다져 나

갔습니다.

또한 연호를 '성책'이라 정하였습니다.

궁예는 다시 대동강까지 치고 올라가 평양까지 점령하여 신라의 북부 영토를 거의 다 차지하였습니다. 이제 궁예의 힘은 신라보다 위에 서게 되었습니다.

그러자 궁예는 우쭐해져 신라에서 도망쳐 온 장군이나 문인들이 자기 말을 조금이라도 듣지 않으면 모두 죽여 버렸습니다. 궁예의 잔악한 본성이 이때부터 드러나기 시작했습니다.

궁예는 911년에 나라 이름을 '태봉'이라 고치고, 연호를 '수덕만세'라 하였습니다. 이 해에 궁예는 나주를 쳐서 견훤의 해외 통로를 끊어 놓았습니다.

그리고는 궁예는 자신을 '미륵불'이라고 하며 거드름을 피웠습니다. 뿐만 아니라 자신의 맏아들은 청광보살, 막내 아들은 신광보살이라 하였습니다.

그리고 이렇게 스스로 미륵불이 된 궁예는 머리에 금관을 쓰고 방포(중의 옷)를 걸치고 다녔습니다.

이즈음부터 백성들의 마음은 차차 궁예에게서 멀어져 갔습니다.

이때부터 궁예는 성질이 더욱 포악해졌으며, 남을 믿지 못하고 시기하는 마음이 커졌습니다.

어느 날, 왕후는 왕의 그와 같은 행동을 염려하여 간곡히 타일렀습니다. 그러나 궁예는 도리어 시끄럽다고 철장을 쥔 손으로 왕후를 내리쳤습니다.

왕후는 외마디 소리를 내며 달아났습니다. 그래도 화가 풀리지 않은 궁예는 왕후를 인두로 지져 대며 미치광이처럼 날뛰었습니다.

그것을 본 아들 청광보살과 신광보살이 뛰어가서 말리자, 궁예는 두 아들을 그 자리에서 때려 숨지게 하였습니다. 궁예는 이제 제정신이 아니었습니다. 신하들까지도 트집을 잡아 죽였습니다.

이렇게 궁예의 포악성이 날로 더해 가자, 궁예를 따르던 장수들은 마침내 왕건을 앞세워 만 명의 군사로 궁을 포위하였습니다.

궁예는 몰래 도망쳐서 부양까지 가다가 도중에 발각되어 살해되고 말았습니다. 이로써 28년 동안 이어져 온 태봉국은 마침내 사라지고 말았습니다.

후백제의 견훤

견훤의 아버지는 처음에 농사를 짓다가 장군이 된 인물입니다. 그런데 견훤이 갓난아기일 때 견훤의 아버지가 들에 나가 밭을 갈면서 아이를 들에 눕혀 놓았는데, 이때 호랑이가 와서 젖을 먹였다고 합니다.

견훤은 커서 체격이 좋고 지혜가 뛰어났으며, 창을 베개로 삼아 자는 등 용맹이 뛰어났습니다.

그 후 진성 여왕 때 나라가 혼란하자 견훤은 반심을 품고 무리를 모았습니다.

견훤의 군대는 매우 강했으나, 경순왕 5년에 견훤의 신하였던 공직이 고려로 귀순해 간 뒤부터는 고려 왕건이 우세해졌습니다.

고려는 웅진 이북 30여 성을 쳐서 차지하는 등 그 세력이 날로 강해졌습니다.

견훤은 아내를 여러 명 거느려서 아들이 10여 명이나 되었는데, 그 가운데서 넷째 아들 금강이 키가 크고 지혜가 많아, 견훤은 그에게 장차 왕위를 잇도록 하였습니다. 금강의 형인 신검·양검·용검은 이것을 알고 고민했습니다.

그 후 양검은 강주 도독이 되어 가고, 용검은 무주 도독이 되어 나갔습니다. 신검은 견훤의 곁에 있었습니다.

그런데 이찬 능환이 사람을 강주와 무주로 보내 양검, 용검과 함께 음모를 꾸미고, 신검으로 하여금 견훤을 금산사에 가두게 하였습니다. 그리고 금강은 죽임을 당했습니다.

아버지를 절에 가둔 신검은 왕이 되었습니다.

금산사에 갇힌 견훤은 3개월 뒤에 금성으로 달아났다가 고려로 들어갔습니다. 고려 태조 왕건은 견훤을 극진히 대접하였습니다. 그리고 이듬해 견훤의 사위 영규와 내통한 왕건은 마침내 후백제 정벌에 나섰습니다.

왕건과 견훤이 함께 10만 대군을 이끌었습니다.

양군은 일이천에서 격전을 벌였습니다. 그리고 이 싸움에서 후백제 군사들이 크게 패하였고, 신검의 삼 형제가 모두 죽임을 당했습니다. 아들들의 비참한 광경을 본 견훤은 황산의 어느 초가집에서 일생을 마쳤습니다.

이리하여 후백제는 결국 45년 만에 패망하고 말았습니다.

한편, 신라 경순왕 9년에 이르러, 신라의 영토는 나날이 고려로 들어갔습니다. 경순왕은 이제 신라를 더 이상 끌고 나갈 수 없게 되자, 할 수 없이 대신들을 모아 놓고 항복 문서를 쓰게 하여 고려에 항복하고 말았습니다.

이때 태자는 천 년 사직을 어찌 경솔하게 넘겨 줄 수 있냐며 끝까지 반대하였습니다.

그러나 경순왕이 끝내 죄 없는 백성만 죽이게 될 뿐이라며 결국 고려에 항복하자, 태자는 통곡을 하며 부왕에게 하직 인사를 올리고는 곧바로 금강산으로 들어갔습니다. 이때 태자가 베옷을 입었다 하여 '마의태자'라고 합니다.

이로써 신라는 나라를 세운 지 992년 만에 마침내 스스로 망하고 말았습니다.

8장

고려

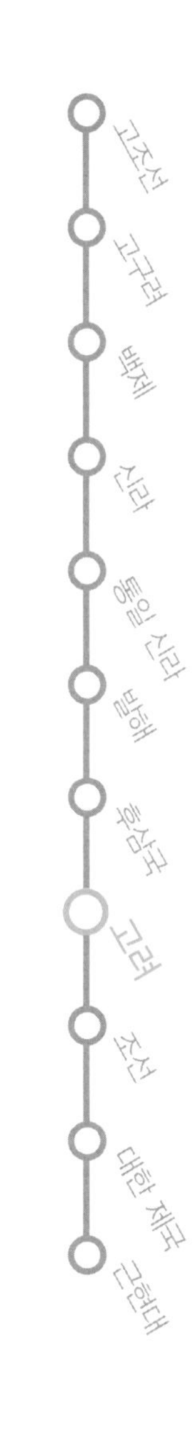

왕건의 업적

태조 왕건은 신라와 후백제를 합친 뒤에 민족의 단결과 옛 영토 회복에 힘을 많이 기울였습니다.

신라 유민을 다스림에 있어서도 전왕인 경순왕을 우대하고, 신라 출신의 인재들을 많이 등용했으며, 신라의 옛 풍속을 그대로 지키게 하였습니다.

그리고 고구려의 옛 강토를 되찾으려는 굳은 결심에서 평양성을 고치고, 학교 등 여러 시설을 갖추어 '서경'이라 하였습니다.

그러나 거란이 성장하여 발해를 무너뜨리고 만주 일대를 차지하자, 고구려 옛 땅을 되찾으려던 왕건의 꿈은 주춤거리게 되었습니다.

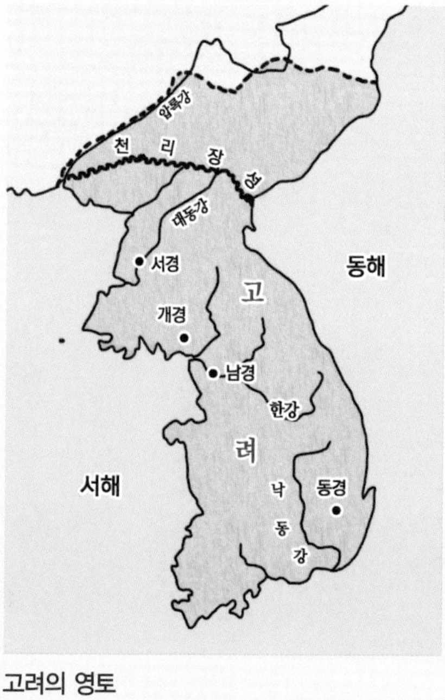

고려의 영토

태조는 발해가 망하자, 망명해 온 발해 태자 대광현을 비롯하여 수많은 귀족과 유민을 받아들였습니다. 또한 거란이 까닭 없이 이웃 나라 발해를 쳐서 없앤 것을 괘씸히 생각하여 거란의 사신을 섬에 귀양 보내고, 거란의 임금이 보낸 낙타를 다리 밑에 매어 놓고 굶겨 죽인 일도 있었습니다.

한편, 태조는 거란에 대한 경계를 게을리하지 않았습니다.

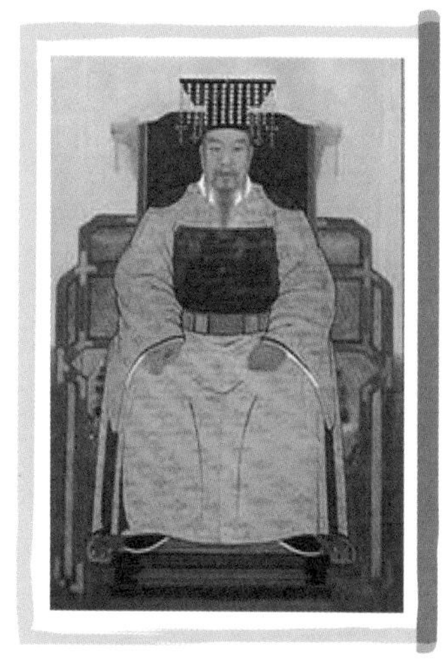
고려 태조 왕건

태조는 서북쪽으로는 청천강 이남과 동북쪽으로는 영흥 지방까지 회복하였습니다.

그리고 초기의 제도는 신라, 태봉국, 당나라의 제도를 적절히 혼합하여 어느 정도 기틀을 잡아 놓았습니다.

특히 불교를 보호하고 장려하여 법왕사, 왕륜사 등 서울의 10개 절을 비롯하여 지방에도 개태사 등 많은 절을 세웠으며, 연등회와 아울러 신라의 옛 행사인 팔관회를 열었습니다.

고려 태조 왕건의 현릉(경기도 개풍군 중서면)

태조는 또한 훈요 십조를 남겨 이후 역대 왕들이 좋은 계율로 삼아 정치에 매진할 것을 당부하였습니다.

첫째, 국가의 대업은 부처의 호위를 받아야 하므로 사원 경영에 문란함이 없도록 하여라.
둘째, 도선이 정한 곳 외에 함부로 절을 짓지 마라.
셋째, 왕위 계승은 장남, 차남 그리고 형제순으로 한다.
넷째, 외국의 풍속을 무조건 본받지 마라.
다섯째, 3년마다 서경에 백 일 이상 머물러 국가의 안녕을 도모하라.
여섯째, 연등회와 팔관회를 시행하라.

일곱째, 간언을 받아들이고 참언을 멀리 하라.
여덟째, 후백제 지역의 사람을 등용하지 마라.
아홉째, 관리들의 상과 벌을 공정하게 하라.
열째, 몸가짐을 바르게 하고, 경사(經史)를 두루 살펴 국정에 참고하라.

고려의 문물 제도

고려의 문물 제도가 고루 갖추어지고, 통치의 기초가 다져지게 된 것은 제6대 성종 때의 일입니다.

성종(982~997년)은 주로 당나라의 제도를 기본으로 하여 중앙과 지방의 관제를 재정비하였습니다.

먼저 중앙은 6부로 나누었습니다. 내무부에 해당하는 이조, 호조, 문교부에 해당하는 예조, 국방부에 해당하는 병조, 법무부에 해당하는 형조, 상공부에 해당하는 공조 해서 6부, 그리고 지방은 10도로 나누고 도 밑에 주, 부, 군, 현을 두었으며, 부락에는 촌장을 두어 말단 행정을 보살피게 하였습니다.

군사 제도는 태조 때 중앙에 6위를 두어 수도 방위와 지방 군대를 통괄하도록 하였습니다.

그런가 하면 정종 때에 이르러 거란의 침입을 막고자 광군사를 두고 30만 광군을 조직했으며, 성종 때에는 군대의 복장을 정하고 6위의 위에 좌, 우군영을 두었습니다. 그리고 함경도 방면과 평안도에 각각 병마사를 두어 거란족의 침입에 대비하였습니다.

교육에 있어서는 태조 때에 개경과 평양에 학교를 세워 인재를 길렀고, 성종은 특히 유교를 존중하여 유교로 정치의 근본을 삼았습니다.

그리고 지방의 12목에 경학 박사, 의학 박사를 각각 한 사람씩 두어, 주·군·현에 장리들과 백성들을 가르쳤습니다. 또 '효'와 '의술'로 이름난 사람이 있으면 관원들에게 중앙에 추천하도록 했습니다.

성종의 이러한 교육에 대한 관심은 최승로의 시무책 이후에 본격적으로 나타났습니다.

성종은 또한 실업, 교통 등 여러 방면에서 많은 업적을 남겼습니다.

그는 특히 농업에 중점을 두고 백성의 생활 안정에 힘을 기울였는데, 그는 즉위하자, 세금을 절반으로 줄이고 갖가지 총기를 거둬 농기구를 만들게 하는 등, 여러 가지 농업 보호 정책을 썼습니다.

그런가 하면 재해 대책법을 마련하여 수해, 한재, 병충해의 재앙을 입은 자에게는 그 정도에 따라 세금을 빼거나 줄여 주고, 부역도 면해 주었습니다. 또 각 고을에 의창을 두어 일정한 양의 곡식을 저장해 두었다가 흉년이 들면 가난한 사람을 구제하고, 또 가난한 사람에게 빌려 주기도 하였습니다. 그리고 개경을 비롯하여 지방의 주요한 곳에는 상평창을 두어 쌀, 옷감을 저축하였다가, 매년 풍년과 흉년을 따져 그것을 팔아 물가를 조절하고, 백성의 생활을 안정케 하는 데에 큰 효과를 거두었습니다.

또 교통에 있어서는 육로에 처음으로 여관을 두게 하고, 강이나 바다에는 배를 많이 마련하여, 수륙 왕래에 편리하게 하였습니다.

거란의 1차 침입

고려와 거란의 교섭은 이미 태조 때에 시작되었습니다. 그러나 태조는 거란이 까닭 없이 발해를 망하게 한 것을 보고 무도한 나라라 하여 거란과의 국교를 열지 않았습니다.

그런데 얼마 뒤 거란이 압록강 유역에 흩어져 살던 여진족을 정복하고 국호를 '요라' 하였습니다.

그 무렵 요나라의 남쪽에 새로 송나라가 일어나 서로 충돌하자, 자연히 고려도 여기에 휘말리게 되었습니다.

이때 고려는 요나라와 국교를 끊고 송나라와 친교를 맺었습니다. 그러자 이를 못마땅하게 여긴 요나라 소손녕은 성종 12년 993년에 80만 군을 거느리고 고려의 서북면을 공격했습니다.

성종은 서희를 중군사로 삼아 여러 장군과 함께 적을 막게 하고, 왕도 친히 싸움터에 나가 격려하였습니다.

그러나 고려가 불리해지자, 땅을 일부 요나라에 주고 친하게 지내자는 주장이 나왔습니다. 그때 서희는 그것은 안 된다고 말하고, 정부를 대표하여 요나라 군사령부에 들어가 적장 소손녕에게 우리나라에 침입한 이유를 따졌습니다.

"고려는 고구려의 후손들이 세운 나라다. 그래서 국호를 고려라 하였고, 또한 너희 나라의 동쪽 서울인 요양도 우리의 옛 영토인데, 어찌

우리더러 침입했다고 하느냐! 너희 나라와 국교를 트지 못한 것은 중간에 여진족이 있어 길을 막고 있기 때문이니, 만일 여진족을 쫓고 우리의 옛 땅을 회복하여 성을 쌓고 길이 트이게 되면 국교는 자연히 트이게 될 것이다."

소손녕은 이 말에 어찌할 수 없음을 알고, 드디어 자기 나라 왕 성종의 허락을 받아 화친을 맺고 군사를 철수시켰습니다.

서희는 이렇게 외교전으로 거란족을 물리치고, 바로 이듬해부터 해마다 군사를 이끌고 북쪽의 여진족을 토벌하여 곳곳에 성을 쌓았습니다.

고려가 여진을 몰아내고 성을 튼튼히 쌓을 수 있었던 것은 요나라 장군 소손녕과 담판한 결과, 그들의 양해 아래 이루어진 것이지만, 고려의 숙원이었던 압록강 진출의 계기를 마련했다는 점에서 큰 의미가 있습니다.

거란의 2차 침입

고려는 그 뒤에도 송나라와 계속 교류를 하였는데, 거란은 이것을 늘 못마땅하게 생각했습니다. 거란의 1차 침입이 있은 뒤 5년이 지나 성종이 죽고 목종이 왕위에 올랐습니다.

목종은 18세밖에 안 되어, 어머니 천추 태후가 정치를 도왔습니다. 그러나 외가 친척인 김치양과 천추 태후가 목종에게 아들이 없음을 노려 둘 사이에서 낳은 아들을 왕위에 앉히려고 음모를 꾸몄습니다. 정치는 혼란하고, 대신들은 부귀영화와 권력 다툼에 정신이 팔려 있었습니다.

그래서 목종은 서부면 도순검사(지방 주둔 군사령관) 강조에게 개경으로 와 자신을 지켜 달라고 했습니다. 그런데 5천 군사를 이끌고 개경으로 온 강조는 정치를 바로잡는다면서 김치양과 그 무리들을 죽이고 도망가는 목종과 천추 태후까지 죽인 다음, 목종의 당숙인 대량 원군 순을 임금으로 내세웠습니다.

그가 바로 제8대 현종입니다.

이때 요나라는 성종의 현명한 정치로 평화를 누리고 있었습니다.

요나라 왕 성종은 고려에서 강조가 왕을 죽이고 새로운 왕을 앉혔다는 말을 듣고, 그 죄를 묻겠다는 구실로 직접 40만 대군을 이끌고 쳐들어왔습니다.

고려 현종은 이 소식을 듣고 강조를 행영 도통사로 삼아 군사 20만을 이끌고 통주(지금의 평북 선천 지방)에 가서 막도록 하였습니다.

요나라 군사는 현종 원년(1009년) 11월에 압록강을 건너 흥화진(지금의 평북 의주)을 포위해서 공격했으나 패하고, 다시 20만 대군을 이끌고 통주로 진격하였습니다. 강조의 군사는 이를 보기 좋게 무찔렀습니다. 그러나 퇴각하던 거란군이 되돌아와 다시 공격, 강조와 그의 부하들은 죽임을 당하고 말았습니다.

다음달에 관산, 안주, 숙천 등 여러 성이 요나라 군사에 의해서 차례로 무너졌으나, 오직 서경(평양)만은 잃지 않았습니다. 왕은 다음해 정월 초하룻날에 광주(경기도 광주)로 피신했습니다. 거란군은 곽산, 안주, 숙천 등을 짓밟고 개경까지 진입해 궁궐과 민가들을 모두 불태워 버렸습니다. 세태가 점점 궁지에 몰리자, 중신들은 항복할 것을 건의했습니다. 그러나 63살의 강감찬은 단호히 반대했습니다.

"강동 6주를 내주고 항복하면, 고려는 영원히 오랑캐의 노예가 될 것입니다. 우선 화평을 제의하며 시간을 벌고, 적이 지칠 때까지 기다려 보는 것이 어떻겠습니까?"

그래서 왕은 신하 하공진을 적진에 보내 휴전 조약을 맺도록 하였습니다. 그리하여 요나라 군사는 고려의 왕이 자기 나라 조정에 한번 들른다는 약속을 받고, 하공진을 볼모로 데리고 물러갔습니다.

이때 요나라 군사는 돌아가는 길에 고려의 양규 등 여러 장군들의 기습을 받아 많은 군사와 무기를 잃고 허둥지둥 도망갔습니다.

고려의 현종은 요나라 군사들이 물러갔다는 보고를 받고, 정월 23일

개경으로 돌아와, 4월에 사신을 요나라에 보내어 군대를 철수해서 고맙다는 인사를 하도록 하였습니다.

요나라 조정은 휴전 조약에 따라 현종에게 들어오라고 하였으나, 현종은 끝내 들어가지 않았습니다. 그리고 볼모로 잡혀 갔던 하공진은 요나라 신하가 되라는 그들의 요구를 끝내 듣지 않아 죽고 말았습니다.

거란의 3차 침입

요나라는 2차 침입 이후 자주 사신을 보내 고려의 무성의를 불평하고, 압록강 동쪽의 흥화, 통주, 용주, 철주, 곽주, 귀주 등 6개 주를 내놓으라고 하였으나, 고려는 이에 응하지 않았습니다.

그러자 현종 5년부터 압록강 동쪽에 성을 튼튼히 쌓는 등 요나라는 고려 침략의 기지를 만들었습니다.

그리하여 국경 근처에서는 잦은 충돌이 끊이지 않았습니다. 그러다 마침내 현종 9년(1018년) 12월에 요나라 장군 소배압이 10만 대군을 이끌고 또다시 고려를 침입하였습니다.

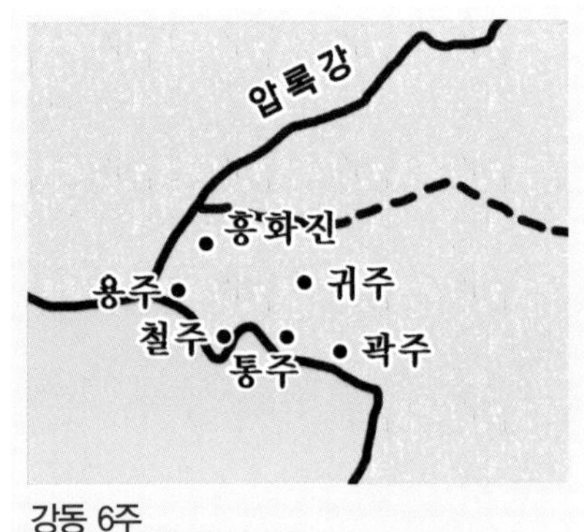

강동 6주

그러나 고려에서는 이미 상원수 강감찬과 부원수 강민첨이 20만 명을 인솔하고 지금의 안주에 가서 대기하고 있었습니다. 두 장군은 요나라가 쳐들어 온다는 말을 듣고, 흥화진으로 가서 특공대 만 2천 명을 산골짜기에 잠복시켰다가 요나라 군사가 들어오는 것을 보고 습격하여 크게 무찔렀습니다.

강감찬의 동상

귀주 대첩 기록화

전세가 불리해지자 소배압은 우회하여 무조건 개경으로 진격해 들어갔습니다. 1019년 정월에는 개경 100리 밖 신은현까지 진출했습니다. 현종은 개경 부근 백성들에게 식량을 가지고 모두 개경 안으로 피신해 들어와 성문을 닫으라고 명령했습니다.

청야 전술로 적군의 식량 보급을 끊어 전력을 약화시키기 위한 것이었습니다. 이에 오랜 행군으로 지치고 굶어 기력이 떨어진 거란군은 결국 퇴각하게 되었습니다. 이에 강감찬은 퇴로를 미리 장악했다가 일시에 기습, 적군에 막대한 피해를 입혔습니다. 특히 귀주에서는 거란군을 퇴로가 없는 협곡에 몰아넣고 3면에서 공격하여 완전 섬멸시켰습니다. 이것이 바로 '귀주 대첩'입니다.

이때 적이 입은 손해는 참으로 컸습니다. 적군의 시체가 들을 덮었고, 적에게서 빼앗은 무기와 군마 등이 수를 헤아릴 수 없을 정도였습니다.

그리하여 10만의 적 중 살아간 자가 겨우 2천여 명을 넘지 못하였습니다. 그 뒤, 거란은 다시 고려를 넘보지 못하였습니다.

당시 고려는 오랫동안 적의 침입을 막아내느라 내부적으로 국력이 많이 쇠약해졌고, 요나라 입장에서도 자주 침략을 했지만 번번이 실패로 돌아가자, 이제 서로가 평화를 원하게 되었습니다.

그리하여 그 해 현종 10년 8월에 양쪽의 사절단들이 오고 간 뒤로는 마침내 평화 조약을 맺게 되었습니다.

사회

거란 침입 후 제8대 현종 때부터 제16대 예종 때까지 약 110여 년 동안(1010~1122년) 고려는 지방 제도를 5도(양광도 · 경상도 · 전라도 · 교주도 · 서해도) 양계(동계 · 북계) 4도호(안동도호 · 안남도호 · 안서도호 · 안북도호) 8목(광주 · 충주 · 청주 · 진주 · 상주 · 전주 · 나주 · 황주)으로 고치고, 서울을 340여 동리로 나누었습니다.

그리고 거란의 침입을 거울삼아 길이 60여 리의 큰 성을 쌓아 방비를 튼튼히 하였습니다.

이때에는 또 정치가 안정되고, 국민 생활은 안락하여 '태평 시절'이라는 말을 들을 만큼 고려의 황금 시대였습니다.

특히 11대 문종은 법률을 고치고 형벌을 낮추고, 사형수는 세 번 재판을 받게 한 다음 결정하도록 하였습니다. 보통 죄수를 재판할 때도 세 사람 이상의 법관이 합의하여 판결하도록 하였습니다.

유교와 불교도 매우 성하였습니다. 서당이 곳곳에 생겨 공자의 가르침을 널리 전하였습니다.

불교도 태조 때부터 성행하였는데, 승려 가운데 배움과 덕이 높은 사람은 왕사, 국사의 칭호를 주어 국가적으로 받들었으며, 승려들에게 시험을 실시하여 높은 지위에 앉혔습니다.

특별히 거란의 침입을 자주 받게 되자, 부처의 힘을 빌어 외적의 침략을 없애려는 호국 불교의 성격이 강해 현종 때에 6천 권의 대장경을 새기기 시작하여, 60년이 걸려 문종 때에 비로소 완성되었습니다.

외국과의 문물 교류도 잦았습니다. 예성항(예성강 입구의 벽란도)은 당시 국제적 무역항이었습니다. 벽란도는 신라 때부터 무역항으로 각광을 받아 왔으며, 광종 때 송과 공식 무역 관계가 열린 이후부터 국제 무역항으로 급성장했습니다. 그리하여 이곳을 중심으로 송나라의 배들이 자주 드나들었으며, 때로는 멀리 아라비아 상인도 건너왔습니다.

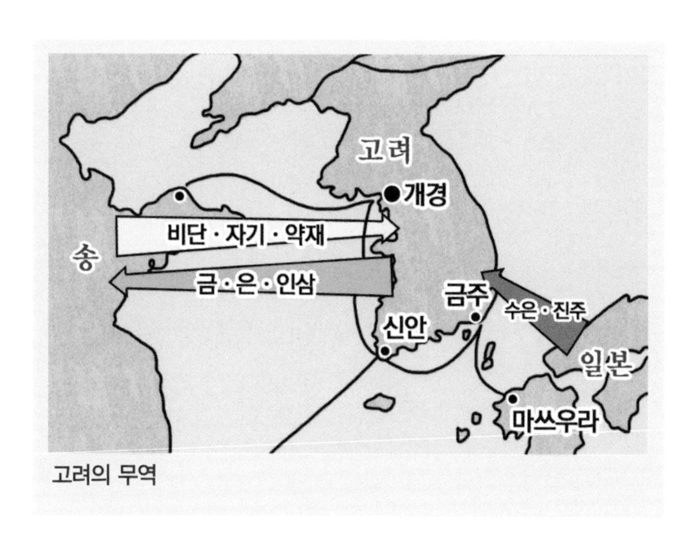

고려의 무역

이곳을 통해 송의 비단, 약재, 자기와 고려의 금, 은, 인삼, 면포가 교역되었으며, 아라비아 상인들은 향료, 상아, 공작 등 희귀한 물건을 가져왔습니다.

문종

문종은 6품 이하 관원의 생활 안정을 위해 '구분전'을 지급했습니다.

그리하여 6~7품 관원으로 대를 물려 줄 자손이 없을 경우에는 그 처에게 구분전 8결을 주며, 8품 이하 관원과 전사한 군인으로서 대를 물려줄 자손이 없는 경우에는 그 처에게 구분전 5결을 주고, 그리고 5품 이상의 집안 부부가 모두 죽고 아들이 없으며 출가하지 않은 딸이 있을 경우에는 그 딸에게 구분전 8결을 주고, 출가하면 국가에 다시 반환하도록 했습니다.

그런가 하면 1품에서 5품의 공신들에게는 공음전시법을 제정하여 수조권(토지로부터 세금을 거둘 수 있는 권리)을 안정적으로 세습할 수 있도록 했습니다.

이것은 성종 때의 관직을 세습하도록 되어 있는 음서제와 함께 문벌귀족의 경제력까지도 확보해 주어 사회 지배 세력으로 탄탄한 토대를 갖추게 했습니다.

또한 개경을 중심으로 사학이 크게 발전을 하였는데, 최충의 9재 학당은 최초의 사립 교육 기관으로 그 중에서도 가장 널리 알려진 것입니다.

숙종

자신의 조카를 왕으로 추대하려고 역모를 꾸민 이자의를 처단하고, 헌종의 뒤를 이어 즉위한 숙종은 왕권 강화에 힘을 기울였습니다.

숙종은 자신의 즉위를 도와준 왕국모 소태보와 윤관을 중심으로 그의 측근들과 과감한 왕권 강화 정책을 폈습니다.

그런가 하면 숙종의 동생 의천은 화폐 통용론을 주장하였습니다. 이것은 유통 과정에서 생기는 이익을 챙기는 문벌 귀족들의 부를 경계하기 위해서였습니다. 이것은 화폐가 쌀, 옷감 같은 현물 화폐보다 편리하고 대민수탈을 방지할 수 있을 뿐만 아니라, 국가 경제력도 늘릴 수 있는 방법이었기 때문입니다.

해동통보와 은병은 이때의 화폐입니다.

또한 윤관에 의하여 별무반이 창설되었습니다. 기병으로 이루어진 신기군은 군사력을 강화시키려는 목적뿐 아니라, 문벌 세력을 신기군의 주요 일원으로 포섭하려는 의도도 있었습니다.

해동통보

여진 정벌

원래 여진족은 송화강 유역을 중심으로 널리 흩어져 부락 생활을 하던 민족으로, 고구려 시대에는 고구려에 복속하여 '말갈'이라는 이름으로 불렸으며, 고구려가 망한 뒤에는 고구려 유민인 대조영을 중심으로 말갈을 이끌어 발해국을 세웠습니다.

그러나 발해가 거란에게 멸망한 뒤로 특히 송화강 동쪽에 살던 여진족(이때는 말갈을 '여진'이라 부름.)은 점점 남으로 내려왔습니다. 이들은 북으로는 압록강 동쪽과 동북으로 함흥 부근까지 세력을 넓히게 되었습니다.

이러한 여진족들은 고려를 '부모의 나라'라 하여 초기부터 고려에 복종하는 자들이 많았습니다.

그러자 고려에서는 이들에게 벼슬을 주어 회유하는 동시에 거란과 아울러 이들이 남쪽으로 세력을 뻗치는 것을 막기 위해 압록강 어귀에서 반도를 횡단하여 도련포에 이르기까지 천리장성을 쌓았습니다.

그러나 송화강의 지류 근처인 하얼빈 남쪽에 살던 완안부의 세력이 점점 강해져서 숙종 때에 이르러서는 전부터 고려에 속해 있던 함흥 지방의 여진족까지 지배함에 따라, 그들과 자주 충돌하게 되었습니다.

윤관은 미리부터 여진(특히 완안부)의 세력이 심상치 않음을 알고 정부에 건의하여 군비를 갖추기에 힘을 기울였습니다. 그리하여 제16대

예종 2년 1107년에 이르러 마침내 여진 정벌에 나섰습니다.

윤관은 17만 대군을 이끌고, 정평의 장성을 넘어 북으로 나아가 여진의 소굴을 공격하였습니다. 고려 군사는 이 싸움에서는 크게 이겨 함흥평야로부터 북청 일대에 걸쳐 영주, 길주 등 9성을 쌓고 남쪽 사람을 그곳으로 옮겨 살게 하여 고구려 옛 땅의 일부를 되찾았습니다.

그러나 고려는 9성이 너무 멀어 지키기가 어렵게 되자, 여진에게 다시는 괴롭히지 않겠다는 조건으로 9성을 내어 주고 말았습니다.

이자겸의 난

예종이 죽고 인종이 나이 14살에 왕이 되자, 외할아버지인 이자겸이 권세를 대신 잡고 세력을 떨치기 시작하였습니다.

이자겸은 자기를 싫어하는 인물은 갖가지 방법으로 모략하고 중상하여 내쫓고, 자기 집안 사람과 또 자기에게 아첨하는 사람만을 중요한 벼슬자리에 앉혔습니다. 뿐만 아니라 이자겸과 그를 따르는 무리는 온갖 사치를 누리며 약한 사람의 논밭을 빼앗고, 길가는 사람들의 마차를 빼앗는 등 포악함이 날로 심해졌습니다. 그러다 보니 나라의 정치는 어지럽고 인심은 매우 흉흉하였습니다.

이처럼 이자겸의 행동이 갈수록 난폭해지자, 인종도 그를 크게 꺼려 비밀리에 그를 몰아내려고 생각했습니다.

인종 4년(1126년)에 신하인 김찬, 안보린 등은 왕이 이자겸을 미워하는 것을 알고, 장군 최탁, 오탁 등과 더불어 모의한 후 이자겸의 측근을 궁중에서 살해하였습니다. 최탁 등은 밤중에 병졸을 이끌고 대궐(지금의 만월대)로 들어가 이자겸의 손발 노릇을 하는 척준경의 아들과 아우를 죽였습니다.

이에 이자겸은 척준경을 동원하여 군사를 이끌고 궁궐의 주작문으로 진격했습니다. 이지보 등도 무장한 군사를 거느리고 가세했습니다. 이자겸의 아들인 의장도 현화사의 중 3백여 명을 거느리고 와서 궁궐을 포위했습니다.

당황한 인종은 직접 신봉문에 나가 궁중에는 도적이 없으며 국왕도 무사하다고 밝히고 무장해제와 해산할 것을 권했으나, 척준경은 이를 거부하고 도리어 국왕에게 화살을 쏘고, 군졸을 몰아 대궐문을 부수고 불을 질렀습니다. 그리고 왕을 자기 집으로 데려가 가둔 다음 몰래 약을 먹여서 죽이려고까지 하였습니다. 그러나 이를 눈치 챈 왕비가 못 마시게 함으로써 실패하고 말았습니다.

이자겸과 척준경은 반대 세력인 지녹연, 안보린, 오탁, 최탁 등을 죽이고 김찬 등은 먼 지방으로 귀양 보냈습니다.

한편, 그러는 사이 이자겸과 부하 척준경 사이에 어느 틈에 불화가 생겨 척준경은 다시 왕에게 사죄하고, 왕의 밀지를 받아 이자겸과 그 일파를 붙잡아 지금의 전남 영광으로 귀양 보냈습니다.

이자겸은 몇 달 못 되어 귀양지에서 죽고, 척준경도 자기의 공을 믿고 날뛰다가 암태도(지금의 지도)로 귀양 가니, 이자겸의 난은 이렇게 끝이 났습니다.

그러나 이 반란으로 궁궐까지 불타, 개경은 매우 황량해지고 왕권도 약화되었습니다.

묘청의 난

이자겸의 변란에 이어 서경(평양)의 중 묘청이 반란을 일으켰습니다.

당시 수도인 개경(개경)은 이자겸의 난으로 황폐했고, 민심은 어지러웠습니다. 사회가 혼란과 불안에 휩싸여 있을 때, 묘청은 '개경은 운이 다했으니, 서울을 옮겨야 한다'고 주장하였습니다. 민심을 새롭게 하고, 나라의 운을 다시 잡자며 묘청, 정지상, 김안, 백수한이 서경 천도론을 펼쳤습니다.

당시 묘청 일파가 천도를 주장했던 서경은 묘청의 본고장일 뿐 아니라, 본래 정치적, 문화적 도시로 매우 오랜 역사를 가진 곳이었습니다.

한편, 고려를 '부모의 나라'로 떠받들던 여진족은 세력을 확장하여 금나라를 세우고 그들의 임금을 황제라 일컬으며, 고려에 압력을 가해 오고 있었습니다.

이에 묘청은 '개경은 이미 운이 다했으니 서경으로 옮기면 국운이 연장되고, 금나라는 물론이요, 그 밖에 삼십육 국이 조공을 바칠 것'이라며 인종에게 서경 천도를 건의하였습니다.

그리하여 인종도 이 말에 귀를 기울여 오랜 기간 서경에 머무르기로 하였습니다. 그러나 묘청의 주장과는 달리 서경의 대화궁 근처에 벼락이 떨어지고, 인종의 서경 행차 도중 갑작스런 폭풍으로 수많은 피해와 불상사가 잇따라 일어났습니다.

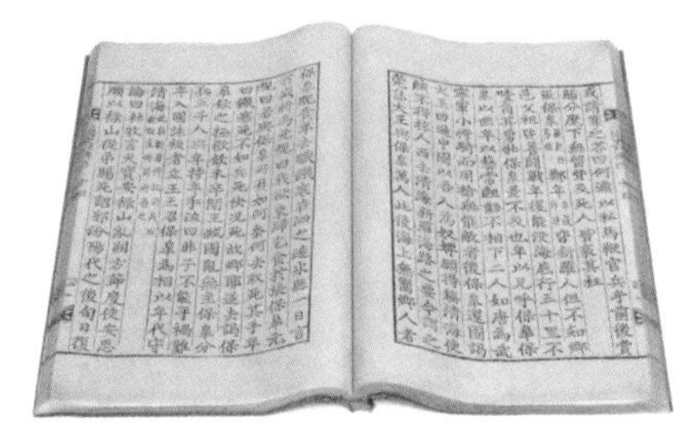
김부식의 《삼국사기》

결국 조정의 반발이 심하게 일어나고, 서경 천도론이 완전히 무산되기에 이르자, 묘청은 서경에서 반란을 주동하였습니다.

인종 13년(1135년) 정월에 묘청은 국호를 대위, 연호를 천개라 하고, 군대를 '천견충의군(하늘에서 보낸 충성스럽고 용맹스러운 군대)'이라 하였습니다.

서경의 움직임이 강하게 나오자, 인종은 자신의 권력이 침해될 것을 우려하고 김부식으로 하여금 이들을 진압하도록 했습니다. 김부식은 관군을 이끌고 나아가 서경을 에워쌌으나, 묘청의 저항 또한 완강하였습니다. 그러나 1년 만에 관군은 마침내 서경을 빼앗고 묘청의 난을 진압하였습니다.

정중부의 난

인종 때에 변란이 두 번이나 일어나, 국가의 형편이 기울어지고 사회 질서가 크게 무너졌습니다.

그런데 다음 의종 때에 이르러서는 마침내 문신과 무신들의 큰 충돌이 일어났습니다.

원래 고려 초기부터 문무에 차별을 두어 문신을 우대하고 무신을 천하게 여기는 경향이 있어 무신들의 불평을 사 오던 터였습니다.

특히 의종은 사치와 놀기를 좋아하여, 문신들을 이끌고 경치 좋은 곳이나 절간으로 몰려다니며 시를 읊조리고, 술을 마시며 날을 보내었습니다. 그러니 정사는 더욱 어지러워지고, 임금의 사랑을 받는 문신들은 더욱 무인을 깔보고 갖은 모욕을 주었습니다.

더욱이 그들을 호위하고 다니던 무신들은 가난에 쪼들렸고, 일반 병졸들의 생활은 극도로 어려워 입에 풀칠도 못할 형편이었습니다.

이에 격분함을 품고 있던 무인 가운데 장군 정중부, 이의방 등이 앞장을 서서 의종이 보현원에서 놀이를 하고 있는 것을 기회로 병졸을 이끌고 난을 일으켜 그곳에 모여 놀던 문신들을 모조리 베어 죽이고, 개경으로 들어갔습니다. 그들은 문인들을 죽인 뒤에 의종을 거제도로 쫓아 보냈는데, 이때가 의종 24년(1170년)입니다.

정중부 등은 의종의 아우 명종을 세우고 정권을 잡았습니다. 이로부터 무인의 군벌 정치가 시작되었습니다.

핵심 인물인 정중부, 이의방, 이고, 이준의는 모든 정치의 중요 요직을 차지했으며, 많은 무신들의 작위도 한 등급씩 올려 주었습니다.

이때 정중부 등의 이러한 참혹한 행동에 불만을 품고 있던 병마사 김보당은 명종 3년(1173년)에 정중부 등을 몰아내고 의종을 복위시키려고 군사를 일으켰으나, 실패하여 잡혀 죽고 말았습니다.

김보당은 신문을 받으면서

“무릇 문관치고 누가 나와 뜻을 같이 하지 아니한 사람이 있으랴!” 하고 말해 문신들은 또다시 심한 고초를 겪어야만 했습니다.

처음 무신정변을 일으킨 실력자인 이의방은 1174년 조위총 반란 토벌전이 전개되는 도중 살해당했습니다. 무신정변을 일으킨 정중부의 아들 정균이 주동한 것으로 밝혀졌지만 별다른 혼란은 없었으며, 정중부에 의해 정국은 유지돼 나갔습니다.

그러나 정중부 정권도 1179년, 26세의 경대승에 의해 무너졌습니다. 경대승은 견룡군 장교 일부와 병사들 그리고 사병 결사대 30여 명을 동원하여 야간에 요소요소를 장악하고, 정중부의 측근들을 살해한 뒤 금군을 출동시켜 정중부를 체포하도록 하였습니다. 사병을 동원해 상대를 일단 무력화시켜 놓고, 다음에 정식 군대로 하여금 뒷처리를 하도록 강요하는 고도의 술책을 쓴 것입니다.

경대승은 정중부와 그의 아들 정균을 죽이고 정권을 장악했습니다.

그런데 경대승은 집권시 정적들의 역쿠데타에 매우 민감했습니다. 그래서 사병 조직인 도방을 만들어 도방에 잠자리를 항상 준비해 두었습니다. 그러다 가끔 그곳에서 말단 숙직병들과 함께 밤을 지내기도 했습니다. 자신이 살해당할 것을 두려워했기 때문입니다.

그래서인지 그는 명을 다 채우지 못하고 30세가 된 어느 날, 정중부가 칼을 잡고 큰 소리로 꾸짖는 꿈을 꾸고 난 뒤 시름시름 앓다가 죽어버렸습니다.

다음 정권을 이어받은 이가 바로 이의민입니다. 그가 천민 출신이었음에도 경대승 사후 최고 실권자가 될 수 있었던 것은 임금인 명종의 배려 때문이었습니다. 명종은 경대승이 죽자, 당시 경주에 내려가 있던 이의민을 불러 실권을 맡겼습니다.

이의민은 워낙 무식한 사람으로, 문인 고유직으로서 문인 중에도 문장이 뛰어난 자만 등용되는 동수국사 자리에 일자무식인 무신 최세보를 임명하겠다고 우기기도 했습니다.

민중 봉기

동북면 병마사 김보당이 난을 일으켰습니다. 의종을 폐위시킨 정중부와 이의방을 제거하고, 의종을 복위하려고 했던 것입니다. 이에 이의방과 정중부는 긴급 중방 회의를 열고, 안북도호부로 하여금 이를 진압하도록 했습니다.

안북도호부는 한언국을 잡아 죽인 후에 김보당을 잡아 서울로 압송하던 중 길거리에서 죽였으며, 이 난에 관련된 문신들을 찾아 모두 죽였습니다.

한편, 의종은 1173년 10월 이의민에게 죽임을 당했습니다.

그런가 하면 1176년 공주 명학소에서는 지방 관리들의 횡포와 수탈에 못 이겨 천민 망이와 망소이가 세력을 모아 관가를 습격하고, 마침내는 공주를 함락했습니다. 여기에 굶주림에 지치고 불만을 품은 농민들이 합세해 세력은 점점 커졌습니다. 이들은 공주 주변의 여러 군현을

공격해 약 60여 개의 군현을 장악했습니다.

그러나 농민군은 식량과 병기가 부족하였고, 농번기가 되어 돌아가는 농민의 숫자가 늘어 세력이 급속히 약해졌습니다.

이렇게 되자, 망이와 망소이는 정부에 화의를 청했고, 1177년 7월에는 진압을 담당한 병마사 정세유에게 체포되어 옥에 갇히는 신세가 되었습니다. 이로써 망이·망소이의 난은 끝이 났습니다.

한편, 경상도에서는 농민 김사미와 효심이 생활고에 시달리다 못해 농민들을 모아 난을 일으켰습니다.

또 최충헌의 사노비인 만적은 1198년에 맛장이, 연복이, 성복이, 소삼, 효삼 등 6명과 함께 개경 북산에서 나무를 하다가 반란을 꾸몄습니다.

"여러분, 정중부가 난을 일으킨 후 천한 노비들 가운데에서 높은 벼슬아치들이 많이 나왔소. 장수들과 재상들의 씨가 따로 있는 것이 아니오. 때가 오면 누구나 할 수 있는 일이오. 그동안 우리는 뼈 빠지게 일하고도 정당한 대우는커녕 채찍질에 시달려 왔소. 우리라고 언제까지 이러고 있을 수는 없지 않소!"

이들은 노란 종이 수천 매를 오려 여기에 '丁'자를 새겨 서로의 표시로 삼았습니다.

"흥국사 보랑에 모여 있다가 궁중의 뜰로 들어가 소란을 일으키면, 궁중에서 우리처럼 고생하는 환관들이 동조해 줄 것이오. 궁중 노비들은 궁 안에서 숙청할 사람을 숙청하고 성 밖의 사람들은 먼저 최충헌을 죽인 뒤, 각자 집으로 돌아가 자신의 상전을 죽이고 노비 문서를 불태웁시다. 이 세상에서 천인을 없애는 것이오."

드디어 5월 17일 그들은 다시 모였습니다.

그러나 모인 사람이 수백 명에 불과해, 완벽한 성공을 위해 거사일을 연기하기로 했습니다.

그런데 그 무리 중에는 율학박사 한충유의 노비인 순정이 있었습니다. 그는 봉기가 실패로 끝날 것이라 생각한데다, 또한 주인이 그동안 잘해 주어 고민을 하다가, 마침내 상전인 한충유에게 모든 음모를 낱낱이 고해 바쳤습니다. 그리고 한충유는 이를 곧바로 최충헌에게 알렸습니다.

얼마 뒤 만적을 비롯한 백여 명의 노비들은 붙잡혀 임진강 물에 꽁꽁 묶여 내던져졌습니다.

이 일로 한충유는 합문지후의 벼슬을 얻었고, 노비 순정은 공으로 백금 80냥을 받았으며 노비를 면하게 되었습니다.

몽골의 일어남

몽골족은 본래 흑룡강 상류에 살던 유목 민족으로 대대로 요나라, 금나라에 속해 있었는데, 고려 신종 때에 테무진이란 영웅이 그 씨족 중에서 일어나 주변 부족을 쳐서 통일하고 1206년에 대한(군주의 칭호)의 자리에 앉아 호를 '칭기즈칸'이라 하였습니다.

그 이후 세력이 더욱 강해져 서쪽으로 남쪽으로, 혹은 동쪽으로 뻗어나갔습니다. 그리고 마침내 금나라를 침략하여 황하 이북의 땅을 차지하니, 금나라의 힘은 날로 쇠약해지고 내부적으로는 분열과 파탄이 생겼습니다.

이때 금나라에 속하였던 북방의 거란족은 이 틈을 타 금나라를 박차고 대요국을 세웠습니다. 그러나 얼마 후에 몽골에게 쫓기어 거란인은 힘이 약한 동쪽의 고려로 밀려 들어와 고려의 서북쪽 지방을 공격했습니다.

고종 4년(1217년)에 거란인은 다시 남쪽으로 뻗어 내려와 개경을 위협하고 다시 동쪽으로 향하여 철원, 원주 등을 짓밟는 등 횡포를 부렸습니다. 김취려 장군은 원주 남쪽에서 이들을 크게 무찔러 거란인들은 동북 여진 땅으로 달아났습니다. 그러나 얼마 후 거란은 여진의 힘을 얻어 다시 함경도와 평안도에서 노략질을 일삼았습니다.

이때 몽골은 두만강 유역에 자리 잡은 동진과 손을 잡고 힘을 합하여 거란의 잔당을 토벌하기로 하였습니다. 그리하여 몽골과 동진 연합군은 반도의 동북쪽으로부터 나타나 거란의 모든 근거지를 무너뜨렸습니다.

그런데 때마침 큰 눈이 내리고 식량이 끊겨 몽골 장군 합진은 고려의 서북면 원수 조충 장군에게 군대와 식량 원조를 부탁했습니다.

조충은 독단으로 그 요구를 받아들여 군대 천 명과 쌀 천 섬을 보내 주었습니다. 그리고 다음해 5월에 김취려 장군은 몽골 · 동진 연합군과 작전을 벌여 마침내 거란족을 무너뜨렸습니다.

한편, 조충은 포로 대부분을 거두어 고려의 여러 주나 군에 인구가 드문 곳을 골라 살게 한 다음 논과 밭까지도 떼어 주고 생활하도록 하였습니다. 이것이 고려와 몽골이 처음 관계를 맺은 것입니다.

그러나 그 후 몽골이 동진국을 멸한 뒤로는 고려와 몽골이 국경을 접하게 되어 양국 사이에 충돌이 자주 일어났습니다.

몽골의 침입

몽골은 거란을 토벌한 일로 고려에 큰 은혜나 베푼 듯이 고려와 협약을 체결하고, 해마다 선물을 요구하였습니다. 또 몽골 사신들의 태도는 오만불손하기 짝이 없었습니다.

그러던 중 고종 12년 정월에 몽골의 사신 저고여가 돌아가는 길에 어떤 도둑에게 살해당하는 일이 벌어졌습니다. 그런데 몽골은 이 사건을 고려 사람의 짓이라며 그 책임을 고려 조정에 추궁하였습니다. 조정에서는 압록강 너머 금나라인의 소행이므로 우리와는 관계 없는 일이라고 답변하였으나, 몽골은 끝내 고려인의 짓이라 하여 책임을 물었습니다. 결국 이 일로 두 나라는 6년 동안 국교가 끊어졌습니다.

그 후 칭기즈칸의 셋째 아들 태종이 보위에 올라 금나라를 치는 한편, 고려 고종 18년(1231년)엔 살리타이로 하여금 고려를 침입케 하였습니다.

이때 고려에서는 최충헌이 죽고 그의 아들 최우가 정권을 잡았습니다. 최우는 자기 밑에 따로 군대를 두고 모든 벼슬 자리를 돈을 받고 마음대로 파는 등 권력을 휘둘렀습니다.

몽골군은 압록강을 건너 승승장구하면서 밀고 내려와 개경을 포위하였습니다.

고려군은 귀주, 서경의 두 싸움에서 가장 완강하고 장렬한 싸움으로 승리를 얻기도 하였지만, 몽골과 대적하기에는 고려군의 힘이 약했습니다. 그리하여 고종은 살리타이가 보낸 사신을 직접 맞아들여 많은 예물을 주고, 왕의 동생 유안공을 살리타이 본부가 있는 안주에 보내 강화 조약을 맺게 하였습니다.

그러나 몽골이 어떻게 나올지 알 수 없는 일이라 권세를 쥐고 있던 최우는 군신 회의를 열고 강화도로 왕실을 옮길 것을 제

의하였습니다. 모두 수도를 섬으로 옮긴다는 중대한 일에 감히 말을 하지 못하였습니다.

마침 별야초 지휘관 김세충이 회의 자리에 들어와 수도를 옮긴다는 것은 말도 안 되는 소리라고 하면서 반대하다가 극형에 처해지고, 마침내 수도를 강화도로 옮기기로 하였습니다.

고종 19년(1232년) 6월에 수도를 강화도로 옮기고, 적의 직접적인 공격을 피하는 동시에 지구전을 하기로 하였습니다.

원래 몽골인은 유목 민족으로 말을 타고 싸우는 육지전에는 매우 강하나, 바다에서 싸우는 해전에는 전혀 경험이 없었기 때문입니다. 말하자면 최우는 몽골의 약점을 이용하여 장기전을 꾀한 것입니다.

이로부터 약 30년 동안 몽골은 6차례나 대군을 이끌고 침입하였습니다. 그때마다 삼별초가 중심이 되어 지방군과 백성들이 몽골군을 곳곳에서 맞아 싸웠습니다. 그리고 한편으로는 식량을 성 안에 거두어들이는 청야전술을 이용해 몽골군의 사기를 떨어뜨리기도 했습니다.

그러나 몽골군은 전 국토를 짓밟았습니다. 대구 부인사의 대장경과 경주 황룡사 9층 탑도 이때 불타 버렸습니다.

그런데 강화도에는 한 걸음도 들여놓지 못하였습니다. 왕을 육지로 나오라고 재촉만 할 뿐이었습니다.

강화도에서는 최우의 아들 항과 손자 의가 실권을 이어받아 약 26년 동안 버티었습니다.

그러나 고종 45년(1258년)에 최의가 유경, 김준에게 살해당하고, 왕이 다시 실권을 쥐게 되었습니다. 그러자 몽골에 대한 방침도 평화 정책으로 바뀌었습니다.

그리하여 고종 46년, 태자를 몽골에 보내어 호의를 표하며 강화도를 버리고 개경으로 돌아올 것을 약속하기에 이르렀습니다.

그리하여 태자가 왕으로, 즉 원종이 되어 서기 1270년에 개경으로 수도를 옮기고, 원종의 태자(후에 충렬왕)가 원(몽골의 국호)나라 세조 쿠빌라이의 딸과 결혼함으로써 서로 화친하게 되었습니다.

삼별초의 저항

개경 환도를 둘러싸고 대신들 사이에서 여러 가지 의견이 있었습니다.

다시 개경으로 간다는 것은 결국 몽골에 굴복하는 것이라며 임연을 중심으로 한 무신 일파는 반대하였습니다. 반면, 원종을 중심으로 한 문신 일파는 개경 환도를 찬성하였습니다.

급기야 원종 10년에 임연은 왕의 좌우에 있던 환관들을 모두 쫓아내고, 왕을 폐하고 안경공을 왕으로 내세웠습니다. 그러나 몽골에서 사신을 보내 전왕을 다시 모시라고 하자, 임연은 몽골이 지나치게 정치에 간섭한다고 불평을 하면서도 어쩔 도리 없이 원종을 다시 보위에 앉혔습니다.

그런데 이에 대하여 삼별초를 중심으로 한 장졸 일파는 불복의 태도를 보였습니다.

삼별초는 최씨 집권 시대에 생긴 특수한 최씨 개인의 군대로, 좌별초, 우별초, 신의군으로 구성되어 있었습니다. 이 삼별초는 권세를 쥐고 있는 최씨의 보호병이면서 또한 외적을 막는 데도 상당한 활약을 하던 터라 몽골에 대한 반감이 매우 강했습니다.

그런데 원종이 사람을 강화도에 보내어 삼별초를 해산하고, 그 명부를 빼앗아 가자, 그들은 조정에서 명부를 몽골에 보내어 결국 그들을 모두 죽이려는 것이 아닌가 하여 더욱 반감을 품었습니다.

그리하여 삼별초의 지휘관인 배중손, 노영희는 왕족 온을 추대하여 진도까지 내려가 항쟁하였습니다.

이때 조정에서는 김방경과 몽골 원수 흔도 등을 보내 삼군을 거느리고 가서 그들을 치게 하였습니다.

그러자 반란군 가운데 장군 김통정이 남은 군졸을 이끌고 탐라(제주도)로 들어가 안팎으로 성을 쌓고 새 해상 왕국을 건설하면서 버티다가, 원종 14년(1273년)에 드디어 패하고 말았습니다.

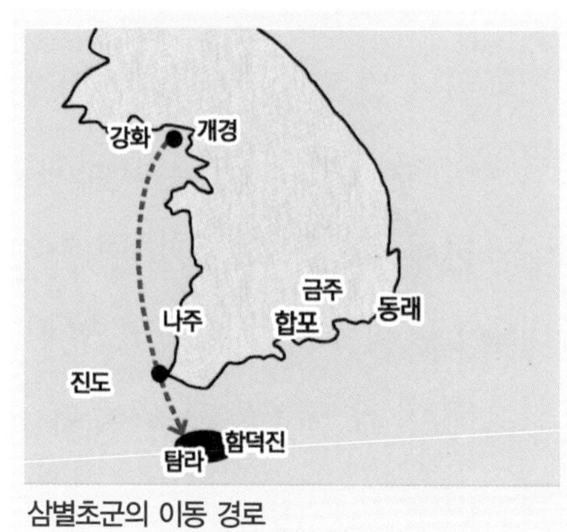

삼별초군의 이동 경로

여 · 몽 연합군

몽골은 태조 칭기즈칸 이후로 그 영역이 아시아 대부분과 동유럽 일대에 뻗쳐 역사상 일찍이 보지 못하던 큰 제국을 이룩하였습니다.

특히 세조 쿠빌라이 때에 이르러서는 나라 이름을 '원'이라 하고, 수도를 연경(지금의 북경)으로 옮겨 더욱 팽창 정책을 썼습니다.

원나라 세조는 일찍부터 일본을 침략하려고 기회를 노리고 있다가 고려와 친선 관계를 맺게 됨에 따라 비로소 일본에 침략의 손길을 뻗치기 시작했습니다.

당시 고려는 오랫동안 몽골의 침입과 또 삼별초 등의 내란으로 국력이 약해진 상태여서 몽골과 함께 일본을 침략할 생각은 없었습니다.

고려는 중재 역할에 나섰습니다. 몽골에게는 바다를 건너가 싸운다는 것은 위험한 일이라 경고하고, 또 일본에게는 몽골과 사이좋게 지내도록 권하였습니다.

그러나 일본은 이에 응하지 않고 몽골의 사신 조양필을 쫓고 큐슈 방면 해안을 철저히 방위할 태세를 갖추었습니다.

마침내 몽골은 원종 15년(1274년)에 일본 정벌군을 일으켜 고려에 군대와 배, 식량을 요구하였습니다.

고려는 이 해 6월에 원종이 죽고, 8월에는 제25대 충렬왕이 즉위하였습니다.

10월 초 고려 장군 김방경과, 원나라 흔도 장군은 연합군을 통솔하고 합포(지금의 마산 부근)를 출발하여 일본으로 향하였습니다.

배는 900여 척에 이르렀는데, 군대 수는 모두 4만, 그 가운데 몽골군은 2만 5천, 고려군은 8천이었습니다. 식량이나 배는 모두 고려에서 부담한 것이었습니다.

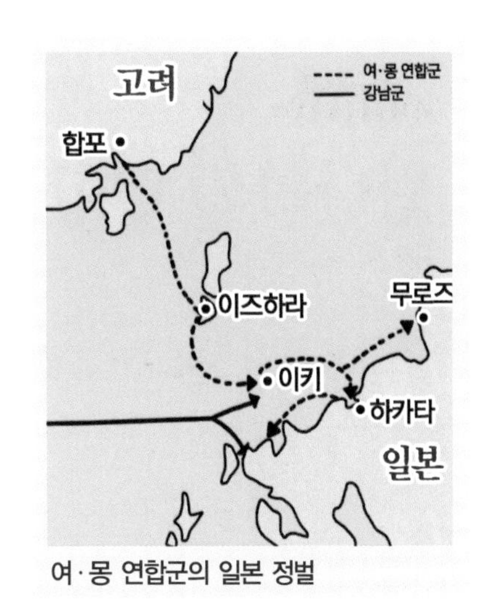

여·몽 연합군의 일본 정벌

연합군은 대마도와 이키 섬을 차례로 공략하고 북큐슈 연안을 공격하던 중 마침 폭풍을 만나 배를 많이 잃고 싸워 보지도 못하고 돌아오고 말았습니다.

그 뒤에 원의 세조는 남송을 멸하여 중국을 차지한 기세를 몰아 충렬왕 7년(1281년) 5월, 다시 대규모 일본 정벌에 나섰습니다. 흔도와 김방경 등은 전함 900여 척에 4만의 연합군을 인솔하고 합포에서 전과 같은 경로를 따라 진격하였습니다.

한편, 원나라 장군 범문호는 전함 3천 500척에 강남군 10여 만 명을 싣고 중국 방면에서 건너와 이키 섬에서 연합군과 만나 북큐슈 연안을 공격하였습니다.

그러나 때는 여름철이라 군인들 사이에 병이 돌았으며, 또다시 태풍을 만나 많은 손해만 입고 돌아왔습니다.

원나라의 영향

고려는 충렬왕 이후 공민왕에 이르기까지 몽골 조정과 혼인 관계를 맺음으로써 평화를 유지하였습니다. 그러나 한편으로 몽골은 고려의 정치, 군사 등 다방면으로 사사건건 간섭하였습니다.

그러는 가운데 두 나라 사이에 문물 교류 또한 성행하였습니다.

제26대 충선왕은 일찍이 나라 일을 아들 충숙왕에게 맡기고, 원나라 서울에 건너가 만권당을 짓고 원나라의 대학자이며 선비인 염복, 요수, 우집, 조맹부 등과 함께 지내며, 고려의 이제현과 같은 학자를 불러다가 토론하고 공부하게 했습니다.

익재 이제현

고려 왕실에서는 6, 7대에 걸쳐 원나라 왕족을 왕후로 맞아들였습니다. 그리고 그들이 데리고 들어온 많은 하인들의 말과 풍습과 복장은 궁중과 상류 사회에 큰 영향을 주었습니다.

그런가 하면 고려에서도 궁녀로 혹은 몽골 귀족의 부인으로 뽑혀 간 경우가 많은데, 그 가운데에는 원나라의 황후가 된 사람도 있습니다.

고려와 원나라 사이에 문물 교류가 이루어지는 중에 서양 사람, 특히 회교도들도 이들을 따라 들어와 고려에 귀화한 사람이 적지 않은데, 충

목화 솜으로 이용하거나 실로 뽑아 옷감을 짠다.

천자총통 고려 말 최무선이 제작한 대장군포를 발전시킨 화포

렬왕 때의 장순용과 고려 말의 설손 등이 가장 유명합니다.

원나라에서는 주로 천문, 역법, 수학, 관측기 등 학술에 관한 것과 화포, 화약, 비단, 포도주 등이 들어왔습니다.

특히 목화와 화약은 우리의 생활과 국방에 큰 영향을 주었습니다.

목화는 공민왕 때의 학자 문익점이 사신으로 원나라에 갔다가 돌아올 때에 가지고 들어온 것입니다. 그리고 그것을 그의 장인인 정천익에게 주어 심게 한 것이 후에 널리 퍼지게 된 것입니다.

화약은 고려 말에 왜적의 침입을 물리치는 데에도 이용되었는데, 당시 고려에서는 화통도감을 두어 화약과 화포를 만들었습니다.

공민왕

이때는 나라 안팎으로 정세가 복잡하고 어지러웠습니다. 더욱이 원나라가 무너지고 명나라가 세워

진 때라 외교 관계 또한 미묘하였습니다.

그런데다 아래로는 일본의 침입과 위로는 홍건적의 침입이 겹쳐 나라의 형편이 기울어 가고 있었습니다.

공민왕의 영정

공민왕 초기에는 국제 정세를 잘 이용하여 원나라에 대하여 공격적인 태도를 취한 결과 잠시나마 기울어져 가던 국력이 다시 활기를 찾는 것 같기도 하였습니다.

당시 원나라는 이미 국권이 흔들리기 시작하여 통제력이 풀리며 한족의 반란이 사방에서 벌떼처럼 일어났습니다.

한산동, 유복통 등은 허베이(하북) 성에서 반란을 일으켰는데 머리에 붉은 수건을 썼다고 하여 '홍건적' 또는 '홍두적'이라고 불리었습니다.

그리고 주원장은 안휘성에서, 장사성은 강소성에서, 방국진은 절강성에서 각각 일어나, 원나라는 점점 무너지게 되었습니다.

공민왕의 천산대렵도

이에 원나라는 혼자 힘으로 반란을 진압할 수가 없어 고려에 도움을 청하였습니다. 고려는 유탁, 최영 등을 보내어 원나라 군사를 도와 승리를 거두고 돌아왔습니다.

원나라의 간섭을 벗어나려고 하던 공민왕은 마침내 원나라의 세력을 업고 간악한 행동을 하던 무리들을 없애고, 잃어버린 옛땅 회복에 착수하였습니다.

그동안 몽골에서는 영흥에 쌍성총관부를 두어 형식상 그 지방을 다스려 왔고, 또 평양에 동녕부를 두어 그 일대를 관할하고 자비령으로써 국경을 삼았습니다. 그러던 것을 동녕부 관할에 속한 땅은 충렬왕 때에 원나라와 교섭하여 되찾았으나, 철령 이북의 땅은 공민왕 초년까지 찾지 못했습니다.

그러다 공민왕 5년(1356년)에 유인우로 하여금 쌍성을 치게 하여 이것을 빼앗았는데, 이 싸움에서 쌍성 사람 이자춘(이성계의 아버지)이 고려군을 도와 공을 세웠습니다.

또한 인당, 최영 등에게는 압록강 서편의 8개 성을 치게 하여 대륙 교통의 중요 지점을 차지하였습니다.

홍건적의 침입

원나라의 내란은 고려에 영향을 끼쳤습니다. 중국 북부에서 떠돌던 홍건적은 원나라 군대에 몰려, 공민왕 8년(1359년) 수만 명이 떼를 지어 고려로 넘어와 의주, 정주, 안주 등을 공략하고 다시 서경까지 쳐들어왔습니다.

그러나 안우, 이방실 장군이 이들을 격퇴하였습니다.

그 뒤 공민왕 10년, 10여 만 명의 홍건적이 압록강의 얼음을 타고 다

홍건적의 1차 침입

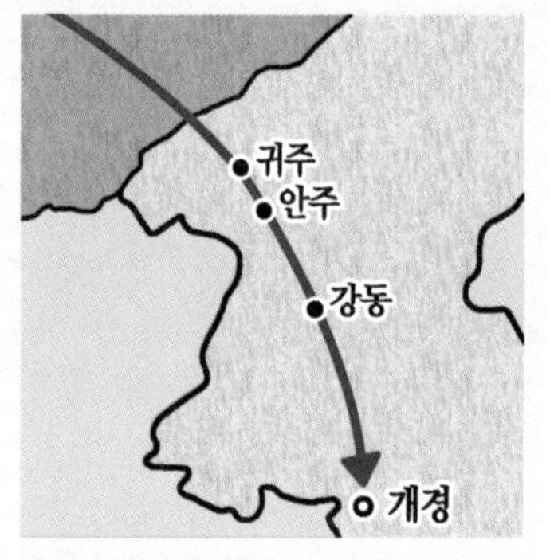

홍건적의 2차 침입

시 쳐들어왔습니다.

그러자 이번에는 안우, 정세운 등이 안주와 자비령 등지에서 맞서 싸웠으나 그들을 막는 데 실패하였습니다. 홍건적은 결국 개경까지 밀고 들어왔습니다.

그리하여 왕은 안동으로 피난하고, 개경은 마침내 적의 손에 들어가고 말았습니다.

그때에 홍건적은 몇 개월 동안 개경을 근거로 하여 잔악한 행동과 약탈을 마음대로 행하였습니다.

그 후 정세운, 안우, 이방실 등이 연달아 적을 공격하여 대승을 거두고 개경을 회복하였으나, 개경은 이미 불타고 황폐해져 버렸습니다.

왜구의 침입

한편, 일본은 우리 연안 지방으로 건너와 자주 약탈을 했습니다. 왜구는 삼국 시대부터 신라 변방에 나타나 갖은 횡포를 부렸습니다.

고려 고종 10년(1233년)부터는 그 약탈이 차차 늘어가더니, 고려와 몽골의 연합군이 일본 정벌을 행한 뒤에 일본의 대륙 교통이 완전히 끊기자, 왜구가 더욱 심하게 출몰하였습니다.

특히 공민왕과 우왕 때에 심한 피해를 입었습니다. 경상도, 전라도, 경기도의 연안 지방은 물론이고 강화, 교동 등 개경에 가까운 지방까지 자주 침해를 입었습니다. 그들은 지나는 곳마다 재물과 곡식을 쓸어 갈 뿐 아니라, 부녀자를 농락하고 죽이는 등 잔인한 짓을 서슴지 않았습니다.

이에 우왕 6년(1381년)에 이성계가 함양, 운봉 등지에 깊숙이 들어와 날뛰던 왜구의 대부대를 운봉 서북편에서 공략하여 섬멸하였으며, 우왕 9년에 정지는 전함 47척을 이끌고 왜구의 주력 선단 120척을 남해의 관음포에서 화포를 사용하여 격파했습니다.

그 후 왜구의 세력은 차차 약해졌습니다. 그러자 고려는 한 걸음 더 나아가 수군을 확장해 왜구와 소굴을 소탕하였습니다.

제33대 창왕 원년(1389년)에는 박위 장군이 백여 척의 전함을 이끌고

대마도를 습격해 적의 수많은 배와 집을 불사르고, 왜구에게 붙들려 간 사람들을 되찾아오는 등 큰 전과를 거두었습니다.

최영과 이성계

중국 대륙에서는 원나라가 쇠하고 명나라가 일어나고 있었습니다.

명나라 태조가 공민왕이 시해당한 책임을 묻자, 문하시중 이인임은 걱정이 태산 같았습니다. 얼마 뒤에, 명나라의 태조는 엄밀, 채빈 등을 고려에 사신으로 보내었습니다.

명나라 사신들은 고려에 와서 매우 거만하게 굴었습니다.

그러자 김의가 명나라 사신을 보호한다고 따라갔다가 채빈을 죽이고, 엄밀은 사로잡아 북원의 장수 나하추에게 달아났습니다.

이 무렵 고려는 명나라와 가까이 지내자는 친명파와 원나라에 의리를 지키자는 친원파로 나뉘어 있었습니다. 이인임은 친원파였습니다.

공민왕은 원나라를 배척하고 명나라와 관계를 맺으며 여러 가지 정치를 개혁하려고 하였습니다. 이인임도 명나라를 배척한 것은 아니었으나, 채빈이 죽고 난 뒤부터 갑자기 태도를 바꾸었습니다.

공민왕의 뒤를 이은 우왕은 나이가 너무 어려서 모든 정치를 이인임에게 맡기고 있는 형편이었습니다.

이인임은 친명파 대신들을 조정에서 몰아내었습니다.

하지만 원나라는 망해 가는 처지이고 명나라는 점점 강해졌습니다. 고려는 명나라와 손을 잡지 않을 수 없게 되었습니다. 이인임은 할 수 없이 앞서 몰아낸 반대파의 인물들을 다시 불러들였습니다.

고려 조정은 이인임과 그를 따르는 임견미, 염흥방 등의 횡포로 얼룩졌습니다. 그들은 권력을 앞세워 재산을 모으고, 온갖 나쁜 짓을 하였습니다.

우왕 14년, 최영과 이성계는 힘을 합하여 임견미와 염흥방을 없애는 데 성공했습니다. 이인임은 나라에 끼친 공을 생각하여 죽이지 않고 경산부로 귀양을 보냈습니다.

그리하여 고려의 권력은 최영과 이성계에게로 넘어갔습니다. 최영은 문하시중이 되고, 이성계는 수문하시중이 되었습니다.

한편, 명나라에서는 채빈이 살해당한 것을 알고, 고려와의 친교를 거부하며 부녀자 천 명, 학생 천 명, 환관 천 명, 우마 각 천 필을 보내라는 등 위협을 하였습니다.

이에 고려의 실권자인 최영은 이 기회에 고구려의 옛땅을 되찾아야겠다고 생각했습니다.

이때, 명나라에서는 요동 땅에 철령위를 두어 고려의 북쪽 땅을 차지하려고 했습니다. 그러자 마침내 최영은 우왕에게 요동 정벌을 권하였습니다.

요동 정벌 계획은 급속도로 이루어졌습니다. 우왕은 팔도도통사에 최영, 좌군도통사에 조민수, 우군도통사에 이성계를 임명하였습니다.

그러나 우군도통사 이성계는 다음과 같은 '4불가론'을 내세워서 요동 정벌을 반대하고 나섰습니다.

첫째, 작은 나라가 큰 나라를 치는 것은 불가능하다.
둘째, 농사철에 군사를 동원하면 안 된다.
셋째, 전 병력을 동원하면 왜구의 침입이 걱정된다.
넷째, 여름 장마철이라 무기가 녹슬기 쉽고 전염병이 나돌까 염려된다.

그러나 최영은 계획대로 요동 정벌군을 출동시켰습니다.

1388년 5월 초순, 정벌 좌우군은 위화도에 이르러 일단 머물렀습니다. 이때 왕과 최영도 안부에 이르러 정벌군을 총지휘하고 있었습니다.

최영은 도통사 자격으로 선봉 부대로 하여금 즉시 압록강을 건너 진격하라고 명령했습니다. 그러나 위화도에 머문 정벌군은 움직이지 않았습니다.

위화도 회군

마침내 이성계는 회군을 단행했습니다. 왕과 최영은 뜻하지 않은 소식을 듣고 서경으로 돌아가 이성계와 싸울 준비를 하였습니다. 하지만 군사의 수에서부터 밀렸습니다.

최영의 묘

최영은 탄식을 하며 왕을 모시고 개경 화원으로 들어갔습니다. 그러나 최영 밑에는 군사가 50여 명밖에 없었습니다. 그런데다 개경에서 다시 천여 명의 반란군과 맞서게 되었습니다. 시간이 흐를수록 최영의 군사는 열세에 몰리고, 왕이 있는 화원은 반란군에 의해 점점 좁혀 들어갔습니다.

마침내 화원에 반란군이 들이닥쳤습니다. 그리고 최영은 명나라에 대한 역적이라는 죄목으로 고봉현에 귀양을 갔다가 두 달 뒤에 처형되었습니다.

고려 전기 사회와 문화

고려 사회는 귀족, 중류, 상민, 천민 네 계급으로 나누어졌습니다. 귀족과 중류는 지배 계급이었으며, 상민과 천민은 그 지배를 받았습니다.

왕과 왕족, 그리고 문신과 무신이 귀족이었습니다.

중류 계급은 궁중의 하급 관리인 남반과 중앙 관청의 하급 관리인 서리, 의학, 지리 등 잡직에 종사하는 기술관과 지방 관청의 하급 관리인 향리로 이루어졌습니다.

상민은 주로 농업과 어업과 공업에 종사했으며, 농민들은 추수한 곡식의 4분의 1, 또는 반을 세금으로 바쳤습니다. 세금 외에도 상민은 각종 부역의 의무와 병역의 의무를 졌습니다.

노비와 뱃사공, 백정, 광대, 마부들은 천민에 속하였습니다. 또한 향,

소, 부곡에 모여 사는 사람들도 천민에 속했습니다. 노비는 관청에 딸린 관노와 개인 소유인 사노로 구별되었습니다.

그리고 사회 시설로는 백성들의 구휼 기관을 들 수 있습니다.

흑창(태조)과 의창(성종)은 백성들에게 양곡을 빌려 주는 제도이며, 제위보(광종)는 빈민을 구제하는 기관이었습니다. 특히 상평창(성종)은 물가 조절 기관이었습니다.

고려 시대의 형벌로는 태, 장, 도, 유, 사가 있었습니다.

태는 볼기를 치는 형벌로서 10~50대까지 쳤습니다. 장 역시 볼기를 치는 형벌로서 60~100대까지 쳤습니다. 도는 옥살이 형벌로서 1~3년까지 감옥에 가두었습니다. 유는 귀양을 보내는 큰 벌로서 2천~3천 리 밖까지 보내었습니다. 그리고 사는 사형 제도입니다. 사형 재판만은 3심제를 썼습니다.

한편, 고려의 가장 큰 연중 행사는 연등회와 팔관회입니다.

연등회는 글자 그대로 등불을 밝혀 불법으로 백성과 나라의 평안을 비는 불교 행사로서 2월 보름에 열렸습니다. 반면에 팔관회는 국가의 큰 행사로 개경에서 11월 보름과 서경에서 10월 보름에 행해졌습니다. 이때에는 송나라, 왜국(일본), 여진, 탐라 사람들이 몰려와서 각기 특산품을 바치며 축하했습니다.

이 밖에도 한식, 5월 단오, 6월 유두, 백중, 한가위, 원정(설날) 등의 연중 명절 행사가 있었습니다.

고려 전기에는 상공업이 발달했습니다. 특히 수공업이 발달하여 여러 가지 무기를 비롯하여 장신구, 직물, 도자기, 종이 등이 생산되었습니다. 또한 상업도 발달하여 개경을 비롯한 교통의 요지에는 가게가 생기고 시장이 열렸습니다.

이 무렵에 화폐가 만들어졌습니다.

996년 성종 때에는 '건원중보'라는 쇠돈을 만들었습니다. 1001년 숙종 때에는 은으로 만든 해동통보가 만들어졌으며, 해동중보, 삼한통보, 삼한중보, 동국통보, 동국중보가 있었습니다. 그리고 1391년 공양왕 때에는 종이로 만든 지폐인 저화가 있었습니다.

외국과의 무역도 이루어졌습니다.

벽란도는 예성강 하류에 있는 고려의 무역항으로, 송나라, 일본, 아라비아 상인들의 배가 드나들었습니다.

한편, 고려 문화는 불교를 중심으로 이루어졌습니다.

《속장경》을 펴낸 대각국사 의천

특히 의천은 중국에 유학까지 하고 돌아와서 불교에 큰 공을 세워 대각국사로 불렸습니다. 1096년에는 《속장경》을 간행하기도 하였습니다.

의천은 여러 종파로 나누어진 불교를 하나로 통일하여 '천태종'을 세웠습니다. 그리고 뒷날 지눌은 의천의 불교 사상을 더욱 발전시켜서 '조계종'을 만들었습니다.

하지만 불교의 융성 뒤에는 많은 폐단이 뒤따랐습니다.

사찰은 나라에서 토지를 기증받아 사치와 낭비가 심했고, 세금을 내지 않아 여기저기 사찰이 생겨나자 그들에게 토지를 나눠 주다 보니 나

청자 상감 물가풍경 매화대나무무늬 주전자

청자 투각 칠보무늬 향로

청자 음각 연꽃 넝쿨무늬 매병

라 살림이 엉망이 되어 버렸습니다.

고려의 예술품으로는 청자를 손꼽을 수 있습니다.

고려 청자는 상감법으로 새겨 넣은 무늬에 그 특색이 있습니다. 무늬를 파고 그 속에 금과 은, 석돌 등을 채워 넣고 유약을 발라 굽는 것입니다. 색깔은 가을 하늘을 나타내는 비취색이며, 인물·새·짐승·식물 등의 모양이 새겨져 있습니다.

부석사 소조여래좌상

석불로는 관촉사의 미륵불이 있습니다. 은진미륵이라고 하는 이 석불은 높이가 약 20미터가량 되어, 동양에서 가장 큽니다. 부석사의 소조 아미타 여래좌상은 가장 우수한 불상으로 손꼽히며, 국보 제45호로 지정되어 있습니다.

고려 후기 사회와 문화

귀족 사회는 원나라와 관계가 있는 세력가와 무신들이 권력을 잡았습니다. 그러다가 최씨 정권이 문인을 등용함으로써 새로운 관료인 사대부들이 나타났습니다.

공민왕 때 다시 과거 제도가 실시되어 사대부들이 활발하게 중앙에 진출했습니다.

학문적으로는 성리학이 전래되었습니다. 1290년 충렬왕 16년에 안향이 처음으로 성리학을 소개하였고, 충선왕 때 백이정이 원나라에 가서 성리학을 배워 왔습니다. 성리학은 '주자학'이라고도 하는 유교 철학입니다.

안향

성리학을 크게 연 학자는 정몽주를 들 수 있습니다. 이색, 길재, 이승인 또한 대학자들입니다.

성리학이 발달하자, 주자 가례를 들여와서 가묘를 세우는 등 유교 의식이 널리 퍼졌습니다.

고려 후기의 불교는 보조국사 지눌, 지공법사, 보우, 무학대사 등의 큰 스님들이 일으켰습니다.

고려 후기의 학문 기관으로는 국자감, 태의감, 서운관, 통문관, 사역원 등을 들 수 있습니다.

국자감에서는 율학(법률), 서학, 산학(산수) 등을 가르쳤으며, 태의감에서는 의학을 가르쳤습니다. 서운관에서는 천문, 지리, 측후, 시간, 관측 등을 가르쳤고, 통문관과 사역원에서는 중국어, 몽골어, 일본어, 거란어, 여진어 등의 외국어를 가르쳤습니다.

기술학의 발달로 농업도 소의 깊이 갈이법, 2년 3작의 돌려짓기법이 이루어져 많은 수확을 올렸습니다. 공민왕 때 이암은 원나라의 농업책 《농사집요》를 읽으며 농사 기술을 연구했습니다.

이 무렵에 인쇄 기술도 발달했는데, 《상정고금예문》은 가장 오래된 금속 활자로 만들어졌습니다. 이것은 서양보다 2백 년이나 앞선 1234년에 만들어졌으나, 안타깝게도 지금은 전해지지 않고 다만 1377년에 만들어진 《직지심경》만이 전해지고 있습니다.

정몽주

문학은 이른바 패관 문학이 유행하였습니다. 무신의 난으로 숨어 사는 문신들이 신화, 전설, 설화 등을 모아 책으로 엮어 낸 것입니다.

패관 문학으로 대표적인 것은, 이제현의 《역옹패설》, 최자의 《보한집》, 이규보의 《국선생전》 등이 있습니다. 개인 문집으로는 이색의 《목은집》, 정몽주의 《포은집》 등이 있습니다.

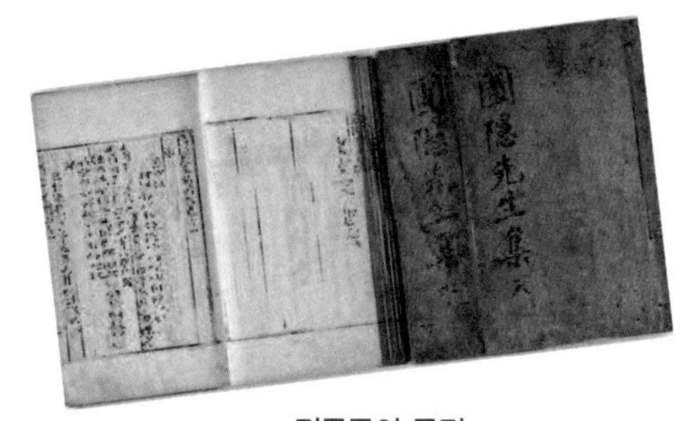
정몽주의 문집

부석사 무량수전

이 무렵의 대표적인 문인으로는 이색, 이규보, 박인량, 이제현, 이인로 등을 들 수 있습니다.

고려의 서민들은 〈청산별곡〉, 〈정과정곡〉, 〈처용가〉 등의 노래를 즐겨 불렀습니다.

1285년 충렬왕 때 일연은 《삼국유사》를 지었습니다. 그리고 이제현이 쓰다가 중단한 《고려국사》는 뒷날 조선 시대에 큰 영향을 주었습니다. 그 외 역사책으로 이승휴의 《제왕운기》, 각훈의 《해동고승전》이 유명합니다.

고려 후기의 대표적인 목조 건물로는 경북 영주에 있는 부석사 무량수전을 손꼽을 수 있습니다.

또 경북 안동에 있는 봉정사의 극락전, 충남 예산에 있는 수덕사의 대웅전도 현재 남아 있는 뛰어난 목조 건물입니다. 봉정사와 부석사는 원래 신라의 의상 대사가 지은 절이었으나, 불타서 고려 때 다시 지었습니다.

석탑으로는 목조 건축 양식을 본뜬 경천사 10층 석탑이 있습니다.

또한 이암과 이강은 대표적인 서예가로 손꼽히고, 서예는 구양순체와 왕희지체가 유행하였다가, 후기에 들어서면서 원나라의 조맹부체가 유행했습니다. 조맹부체는 '송설체'라고도 합니다.

음악은 송나라의 대성악이 들어와서 궁중 음악이 되었습니다. 이 무렵에는 향악도 즐겨 불렀습니다.

경천사 10층 석탑(국립중앙박물관)

고려 후기의 춤과 노래는 각본에 따라 연출하는 '산대놀이'가 유행하였습니다. 이 산대놀이는 뒷날 조선 시대에 더욱 널리 유행하였습니다.

9장

조선

고조선
고구려
백제
신라
통일 신라
발해
후삼국
고려
조선
대한 제국
근현대

조선 창업

대외적으로는 왜구와 여진을 물리치고, 대내적으로는 토지 정리에 성공한 이성계를 중심으로 하는 신흥 세력은 나날이 강해져 마침내 개경에서 이성계를 왕으로 옹립하였습니다(1392년 7월).

새 왕조를 이룩한 태조는 국민의 마음과 눈을 새롭게 하기 위하여 나라 이름을 '조선'이라 하고, 도읍터를 한양에 정하여 경복궁과 종묘사직을 세우며 성을 쌓아 '한성부'라 하였습니다.

태조는 고려 말년에 불교로 인한 폐해를 체험하였으므로 자연히 불교를 억누르고 유교를 장려하여, 유교를 정치의 기본 이념으로 삼았습니다.

관리 제도나 여러 가지 정사는 고려의 것과 크게 다르지 아니하였으나, 외교 정책, 특히 명나라에 대하여는 처음부터 사대적인 친화 정책을 썼습니다.

태조 7년 1398년에 태조는 왕위를 그의 둘째 아들 정종에게 물려주었습니다. 그런데 정종은 도읍지인 한양에서 여러 가지 좋지 않은 일이 일어나고, 또 옛 서울 개경을 그리워하는 사람이 많자 즉위한 그 이

태조 이성계

듬해에 도읍을 다시 개경으로 옮겼습니다.

그러나 정종은 즉위 2년(1400년)에 태조의 다섯째 아들인 태종에게 왕위를 물려주게 되고, 태종은 다시 그의 부왕 태조가 마련한 한양으로 수도를 옮겼습니다.

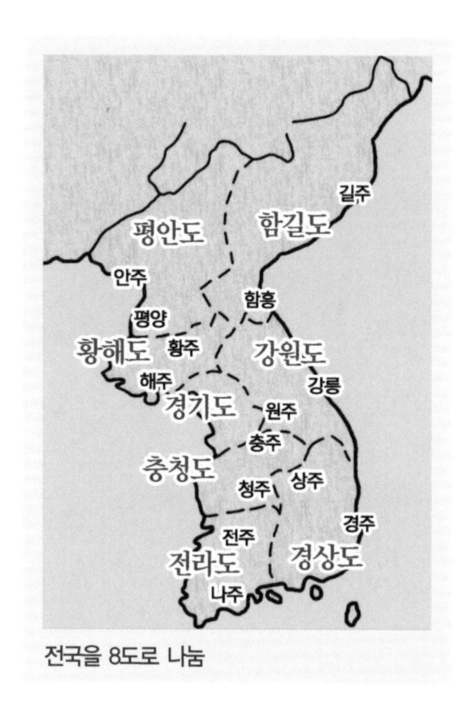

전국을 8도로 나눔

태종은 여러 관제를 개편하고 8도의 경계를 정하였으며, 문과에 대비되는 무과를 두어 우수한 장병을 선발하였습니다.

또 농사를 장려하고, 신문고를 만들어 백성들의 억울한 사정을 직접 듣기도 하였습니다.

그러는 한편, 유교 진흥에도 힘써 서울에 사학을 세워 학문을 닦는 터전을 만들었으며, 서적을 널리 펴고자 태종 3년에는 주자소를 두어 여러 가지 책을 인쇄해 널리 반포하였습니다.

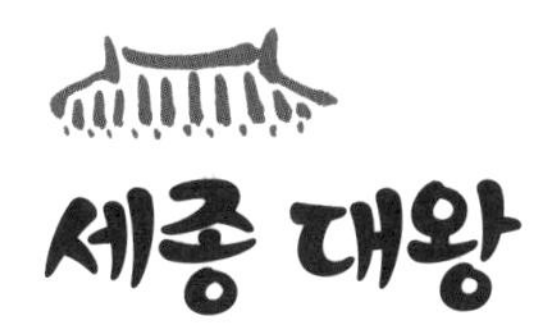

세종 대왕

태종은 왕후 민씨와의 사이에서 4명의 왕자와 4명의 공주를 낳았습니다. 또 여러 후궁에게서 8명의 왕자를 두었습니다.

왕자 시절에 세자 책봉 문제로 피비린내 나는 싸움을 벌였던 태종은, 그런 일이 다시 없도록 하기 위해 태종 4년(1404년)에 맏아들 제를 세자로 삼았습니다. 그리고는 얼마 되지 않아 1407년 세자에게 왕위를 물려주겠다는 뜻을 중신들에게 비쳤습니다.

중신들은 결사적으로 태종이 물러나는 것을 막으려고 하였습니다.

그러나 며칠 후, 태종은 옥새를 세자가 있는 동궁으로 보내었습니다. 깜짝 놀란 세자는 태종에게 옥새를 거두어 달라고 애원하였습니다.

한편, 세자의 외삼촌인 민무구, 민무질 등 4형제는 세자가 임금이 되면 그 덕을 보려고 잔뜩 벼르고 있었습니다.

그런데 며칠 후 태종이 갑자기 다시 세자에게 왕위를 넘겨주지 않겠다고 하자, 민씨 형제들은 눈앞이 캄캄했습니다.

중신들은 그와 같은 민씨 형제들의 행동을 알아채고는 태종에게 낱낱이 고하였습니다. 태종은 크게 노하여 민씨 형제들은 물론, 여기에 관계된 신극례, 이무 등을 처형하거나 귀양을 보내었습니다. 이 사건을 '민무구의 옥사'라고 합니다.

그런데 이런 일이 있은 뒤부터 세자는 글도 읽지 않고 행실이 비뚤어지기 시작했습니다.

세자는 할 일 없이 궁중을 돌아다니며 궁녀들을 희롱하는가 하면, 밤중에는 몰래 궁궐의 담을 넘어 나가 술을 마셨습니다. 그러더니 아예 대낮에 궁궐 담을 넘어 가서 불량배들과 어울렸습니다. 세자의 교육을 맡은 계성군 이내는 처음에는 소문이 날까 봐 쉬쉬하였으나, 아무 소

용 없었습니다.

궁궐 안에 있는 사람들 중 세자의 행실이 점점 나빠진다는 것을 모르는 사람은 없었습니다. 그리고 마침내 태종도 이 사실을 알게 되었습니다.

태종이 세자를 폐한다는 소문이 나돌자 태종의 둘째 아들 효령대군이 세자 자리를 넘보았습니다.

효령은 그날부터 방 안에 들어앉아 목청을 높여 가며 책을 읽었습니다. 그러던 어느 날 밤 세자인 양녕이 효령을 찾아와 불쑥 말을 내뱉었습니다.

"세자 자리가 탐나냐? 그렇지만 아버지의 마음이 충녕한테 가 있는 것을 알아야지."

그제야 효령은 아무리 몸을 단정히 하고 앉아서 글을 읽어도 소용이 없다는 것을 알고, 그 길로 절에 들어가서 중이 되었습니다.

태종은 마침내 세자의 방탕한 생활을 두고 볼 수가 없어 세자를 폐한다는 교지를 내렸습니다. 그리고 셋째인 충녕을 세자로 봉했습니다(1418년).

충녕은 12살 되던 해인 1408년에 심온의 딸을 아내로 맞았고, 1412년 충녕대군에 봉해졌습니다.

충녕은 어찌나 총명하고 책을 좋아하는지, 한 권의 책을 잡으면 백 번을 읽고서야 놓았다고 합니다. 태종은 충녕이 너무나 책을 좋아하여 건강을 해칠까 봐 어느 때는 책을 모두 거둬들이기까지 하였습니다.

그때, 충녕은 책을 거두어 가다가 병풍 사이에 빠뜨린 책 한 권을 발견하고는 몰래 읽었습니다. 그 책은 중국 송나라의 문장가인 구양수와 소식이 주고받은 편지를 엮은 《구소수간》이었습니다.

그 책을 하도 많이 읽어 충녕은 아예 외워 버렸습니다. 그가 바로 역사에 훌륭한 업적을 남긴 세종 대왕입니다.

세종 대왕

조선 왕조가 창업된 지도 30년 가까이 되었습니다.

세종 대왕은 토지 정리를 다시 하여 세금을 공평하게 하고 백성들의 부담을 줄이기 위해 애를 썼습니다.

또한 사람의 목숨을 소중히 여겨 함부로 처형하는 것을 금하였습니다. 특히 '삼복'의 법을 마련하여 사형에 처할 죄인이라도 반드시 세 번 재판을 하여 처형을 하게 하였으며, 사람의 내장이 등에 달려 있으므로 등을 매질하는 소위 태배법을 없애 버렸습니다.

세종 대왕은 인재를 기르고 또 그의 고문으로 쓰고자 대궐 안에다 집현전을 두어 당시 우수한 학자이자 문신인 신숙주, 성삼문, 정인지, 하위지 등을 모아 학문을 연구하고 여러 가지 귀중한 책을 만들게 하였습니다. 《고려사》, 《팔도지리지》, 《용비어천가》 등이 그때 만들어진 책입니다.

그리고 활자 주조와 인쇄술을 여러 가지로 개량하여 서적 인쇄에 크게 이바지하였습니다.

또한 세종 대왕은 과학 방면에도 관심을 기울여 스스로 연구도 하고,

여러 재주 있는 신하에게 명하여 기계를 만들게 하였습니다.

그 중에서도 해시계, 물시계, 측우기 등이 유명합니다. 이러한 기계는 대개 간의대 흠경각에 배치되었습니다.

물시계인 자격루

이 가운데 특히 측우기는 서울의 서운관과 각 지방에 나누어 배치해 전국 각지의 강우량을 측정하였습니다.

또 세종 대왕은 박연으로 하여금 아악을 정리하게 하여, 오늘날 동양 최고의 아악으로 전해 오게 되었습니다.

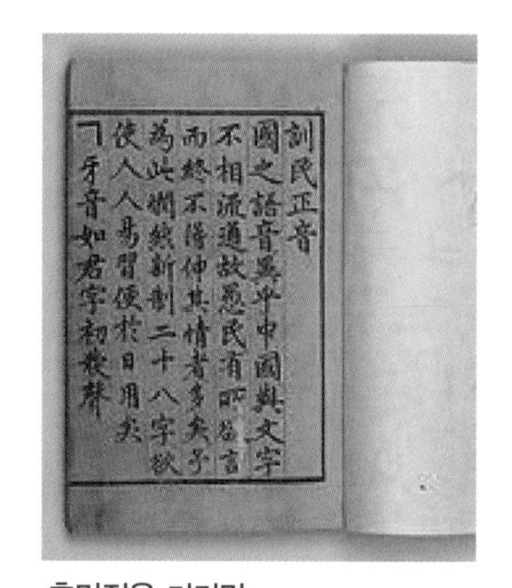
訓民正音
國之語音異乎中國與文字
不相流通故愚民有所欲言
而終不得伸其情者多矣予
爲此憫然新制二十八字欲
使人人易習便於日用矣
ㄱ牙音如君字初發聲

훈민정음 머리말

이와 같이 세종 대왕은 민족 문화의 발전에 힘을 기울여 다방면으로 위대한 업적을 남겼는데, 그 중에서도 '훈민정음' 창안이 첫째입니다.

세종 대왕은 정치와 문화뿐 아니라, 여진과 대마도를 정벌하여 국경을 튼튼히 하는 일에도 관심을 기울였습니다.

4군 6진

두만강 부근은 조선 왕조의 발상지로서, 여진의 오랑캐들과 자주 싸웠던 곳입니다.

이성계의 아버지 이자춘은 그 여진족과의 싸움에서 크게 승리하여 일찍이 이름을 떨쳤습니다. 이 무렵, 두만강 부근에서 가장 강하던 오랑캐의 두 부족인 우량하와 알타이는 이자춘의 아들인 이성계와도 자주 충돌했습니다.

그 후 태종 때에 이르러 오랑캐들은 여러 부족이 힘을 합쳐 공주를 함락시키고 영흥 지방까지 내려올 기세를 보였습니다. 그러다 마침내 세종 4년에는 오랑캐들의 세력이 더욱 강해져서 경원부가 위협받게 되었습니다.

신하들은 국경을 남쪽으로 후퇴시키자고 하였습니다. 그러나 세종은 과감하게 북진 정책을 펴기로 하였습니다.

세종 15년, 두만강 부근의 여진족들 간에 서로 싸움이 벌어져서 세력이 약해지자, 이때를 놓치지 않고 세종은 김종서를 함길도 관찰사로 임명하여 여진족을 토벌하도록 하였습니다.

추운 겨울이었지만 세종은 친히 신하들을 거느리고 광화문까지 나와서 여진 토벌군을 전송하였습니다.

김종서는 북쪽 지방을 샅샅이 돌아보고 나서 6진을 설치할 것을 세종에게 건의하였고, 세종은 이를 쾌히 허락했습니다.

그러자 석막의 영북진을 지금의 행영 땅인 백안수소로 옮겨 종성군을 설치하였습니다. 그리고 경원부는 지금의 경원 땅인 회질가로 옮겨 진을 설치했으며, 공주를 경흥진으로 고쳐서 성을 쌓도록 하였습니다.

그 뒤, 김종서는 두만강 근처에 온성진과 부령진, 회령진을 두어 이른바 '6진'을 개척하기에 이르렀습니다.

김종서는 국경 지방에 부임해 오자마자 앞의 4진을 쌓도록 명령했습니다. '진'이란 군사 기지를 겸한 행정 소재지를 말하는 것입니다.

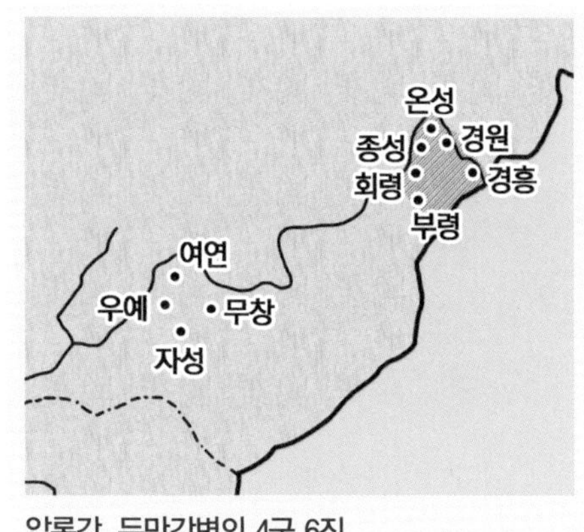

압록강, 두만강변의 4군 6진

세종은 또 압록강 상류 지역에 여연군을 두었으며, 최윤덕을 보내어 자작리에 자성군을 개척하도록 하였습니다. 이 밖에도 무창군과 우예군이 설치되어 이른바 '4군'이 이루어졌습니다.

명재상 황희

태조 때부터 세종에 이르기까지 4대 임금을 모셨으며, 18년 동안 영의정을 지낸 황희 정승은 매우 어질고 청렴했습니다.

어느 무더운 여름날, 젊은 선비 황희는 들길을 가다가 밭둑의 나무 그늘에서 쉬었습니다.

바로 그 앞의 밭에서는 늙은 농부가 밭을 갈고 있었습니다. 늙은 농부는 두 마리의 소를 부리고 있었는데, 한 마리는 검은 소이고, 다른 한 마리는 누런 소였습니다.

황희는 소 두 마리를 바라보다가 늙은 농부에게 소리쳐 물어보았습니다.

"여보시오! 두 마리 소 가운데 어느 소가 더 일을 잘합니까?"

그러자 늙은 농부는 이쪽을 바라보더니, 밭을 갈다가 말고 황희에게 다가와 황희의 귀에 대고 속삭이며 말했습니다.

"누런 소가 일을 더 잘하지요. 검은 소는 가끔 꾀를 부린답니다."

"아니, 그런데 밭에서 소리쳐 말씀하실 일이지, 어찌하여 여기까지 오셔서 귀엣말을 하십니까?"

농부는 손을 내젓더니, 다시 황희의 귀에 대고 속삭였습니다.

"아무리 짐승이라고 하더라도, 제 흉을 보면 좋아하겠소?"

"아아, 그래서……."

그 뒤부터 황희는 한 마디의 말이라도 조심하였습니다.

황희는 21살 때인 1383년에 진사 시험에 합격하고, 27살 때인 1389년에 문과에 합격하여 성균관 학관이 되었습니다.

1392년, 고려가 망하자 황희도 두문동에서 72 충신과 함께 고려에 대한 충절을 지키다가, 2년 뒤에 태조 이성계의 부름을 받아 조정에 나아갔습니다. 충절보다 불쌍한 백성을 돌보는 것이 더 중요하다고 생각했던 것입니다.

태조 밑에서 성균관 학관이 된 황희는 공조·병조·예조·호조·이조 판서를 차례로 지내었습니다.

황희는 1418년 세자 폐위를 반대하다가 남원으로 귀양을 가기도 하였으나, 이 해에 세종이 왕위에 오른 후 황희도 귀양에서 풀려나 예조 판서에 올랐습니다.

69살 때인 1431년에는 영의정에 올라 정승으로서 좋은 정치를 베풀었습니다.

하루는 세종이 황희의 집을 방문했습니다.

"어인 일로 이토록 누추한 저희 집을 찾아오셨습니까?"

세종은 황희가 안내하는 안방으로 들어갔습니다. 방 안에는 그 흔한 돗자리 하나 없고 꺼끌꺼끌한 멍석이 깔려 있었습니다. 장롱도 없었습니다. 천장도 뻥 뚫려 하늘이 보였습니다.

궁궐로 돌아온 세종은 황희 정승의 봉급을 더 올려 주라고 신하에게 말했습니다. 그러자 신하가 대답했습니다.

"봉급이 오르면, 오른 만큼 황 정승 댁에는 더 많은 사람들이 몰려올 것입니다. 특히 어린 아이들이 몰려와서 밥을 얻어먹습니다."

그처럼 황희는 검소한 생활을 하였고, 이웃과 백성을 사랑했습니다.

황희는 호랑이 장군으로 알려진 김종서를 추천하여 북쪽 국경을 다스리도록 하였습니다.

그 무렵, 북쪽 국경 지방에는 여진족들의 침입이 잦아서 백성들의 피해가 컸습니다. 그때 김종서가 함길도 관찰사가 되어 1434년에 북쪽 국경 지방으로 나가 6진을 개척했습니다.

그리고 마침내 임무를 마치고 돌아온 김종서는 황희와 마주앉게 되었습니다. 그런데 김종서가 의자에 몸을 비스듬히 기대어 앉는 것이었습니다.

황희는 소문대로 김종서가 매우 거만해졌다고 생각하며 하인을 불렀습니다.

"여봐라! 김 판서(김종서)가 앉은 의자가 비뚤어진 모양이니 다른 의자를 가져오너라!"

김종서는 그제야 깜짝 놀라 자세를 가다듬으며 잘못을 빌었습니다.

그런가 하면 이런 일도 있었습니다.

어느 날, 황희가 사랑방에서 책을 읽고 있는데 밖에서 하녀 둘이 악을 쓰며 싸우는 것이었습니다. 그러더니 한 하녀가 달려와 다른 하녀의 잘못을 낱낱이 고해 바쳤습니다.

"듣고 보니, 네 말이 옳구나."

이번에는 또 다른 하녀가 달려와서 황희 정승에게 싸운 까닭을 낱낱이 말했습니다.

"오, 네 말도 옳구나."

그러자 곁에서 보고 있던 황희의 부인이 참견을 하며 나섰습니다.

"아니, 이쪽도 옳고, 저쪽도 옳으면 어느 쪽이 정말 옳다는 말입니까?"

"아, 부인 말도 옳구려!"

황희 정승은 세 사람을 둘러보며 천천히 말했습니다.

"두 사람 모두 제 잘못은 생각지 않고, 제가 잘한 일만 나에게 고해바치니, 나도 모두 다 잘했다고 할 수밖에 없지 않소."

그 말에 두 하녀는 얼굴이 빨개져서 황희 정승 앞을 물러갔습니다.

황희

장영실

장영실은 동래현의 한 관기(관청에 딸린 기생)의 아들로 태어났습니다.

천한 신분으로 태어난 장영실은 소년 시절에 친구도 하나 없이 혼자 놀면서 자랐습니다. 혼자 놀다 보니, 장영실은 무엇을 만들거나 고치는 데 취미를 붙였습니다.

10살 되던 해에는 관기인 어머니와도 헤어져야만 했습니다. 관가에서 장영실을 관노로 바치라는 명령이 있었기 때문입니다.

관노가 된 장영실은 16살 무렵에는 못 고치는 것이 없고, 못 만드는 것이 없었습니다. 그러자 현감은 아예 장영실에게 무기를 고치는 일을 맡겼습니다. 그렇다 보니 장영실 앞에는 항상 고쳐야 할 활, 창, 칼 등 무기는 물론, 갑옷 따위가 가득 쌓여 있었습니다. 함께 일할 관노도 여러 명 두게 되었습니다.

그 후 장영실은 수레나 배, 화포 따위의 커다란 것에까지 눈을 돌려 그것들도 고쳐 놓았습니다.

장영실은 틈만 나면 무엇이든지 만들어 보았습니다. 그가 만든 것은 대단한 것은 아니었지만, 주위 사람들의 눈길을 끌었습니다. 홈통을 길게 연결하여 뒷산 약수터의 물을 흘러내리게 하여 물 긷는 수고를 덜어 주었습니다. 이렇게 우리 생활에 도움이 되는 것들도 생각해 내었습니다.

현감은 이런 장영실을 뛰어난 젊은이라 생각하고, 임금에게 천거하였습니다. 이렇게 하여 장영실은 서울로 올라와서 1423년 10월 관노의 허울을 벗고 벼슬까지 하였습니다.

1432년, 세종은 천문과 기상 관측을 하기 위해 간의대를 설치할 계획을 세웠습니다. 그리고 여기에는 대학자인 정인지, 정초, 그리고 공조 참판 이천과 장영실이 참여하였습니다.

장영실과 이천은 학자들이 연구한 자료를 놓고 연구에 몰두했습니다. 아무리 이론이 좋아도, 그것을 실제로 쓸 수 있도록 기구를 만들지 않으면 아무 소용이 없는 것입니다.

장영실과 이천은 우선 나무로 간의를 만들어 보고는 실험을 계속하였습니다. 그렇게 두 사람은 실패를 거듭한 끝에 드디어 1년 뒤인 1433년 9월에 '혼천의'를 만들었습니다.

또한 장영실은 김빈과 함께 물시계인 '자격루', 이천과 더불어 천체 관측용 대 · 소간의, 휴대용 해시계인 현주일귀 · 천평일귀, 해시계인 정남일귀 등을 만들어 냈습니다.

뿐만 아니라, 장영실은 앙부일구를 만들어 종묘 남쪽 거리와 혜정교 옆에 설치했습니다. 앙부일구는 우리나라 최초의 공중 시계라 할 수 있습니다.

앙부일구

장영실은 이 밖에도 밤낮으로 천체를 관측할 수 있는 일성정시의 등 갖가지 천문 관측 기구를 만들었으며, 이것들은 경복궁 간의대에 설치되었습니다.

그리고 자격루가 완성된 지 4년 만인 1438년 1월에 장영실은 또 하나의 자동 물시계인 옥루를 완성하였는데, 이것은 흠경각에 설치되었습니다.

1441년, 장영실은 왕의 특명을 받고는 세계 최초의 우량계인 '측우기'를 발명하여 이듬해에 완성시켰습니다. 또 세계 최초의 양수표인 수표를 발명하였습니다.

수표는 서울 청계천의 수표교와 한강가에 세워졌습니다. 장영실은 이 공로로 상호군에 임명되었습니다.

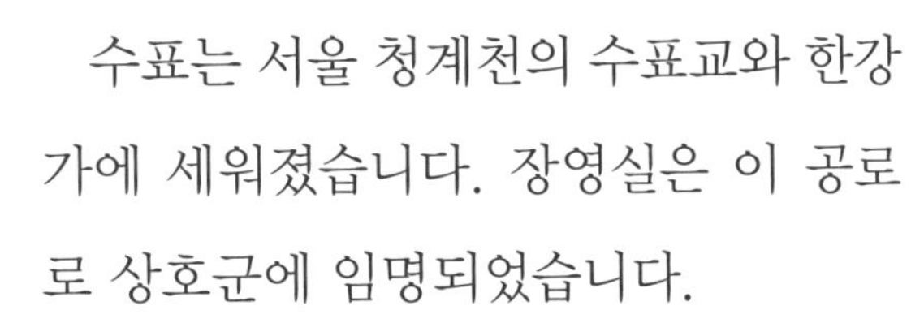

어느 날, 세종이 장영실에게 편리한 가마를 만들어 달라고 부탁을 하였습니다.

장영실은 특별히 신경을 써 가마를 완성했습니다. 그러나 가마를 타고 가던 세종이 땅바닥으로 떨어지는 사건이 벌어지고 말았습니다. 이 사건으로 장영실은 의금부로 잡혀 가서 곤장 백 대의 형을 받았습니다. 세종은 그 소식을 듣고 장영실의 형을 가볍게 해 주라고 하였습니다.

장영실은 곤장 80대를 맞고 감옥에 갇혔습니다.

그 뒤 장영실에 관한 기록이 없어서, 그가 언제 어떻게 죽었는지는 알려져 있지 않습니다.

세조

세조는 원래 특출한 인물로서, 왕위를 빼앗은 그 행위는 비록 무도한 것이었으나, 세종 대왕의 뒤를 이어 문물 제도를 고루 갖추고 국위를 빛내 왕조의 기초를 더 굳건히 다지는 업적을 이루었습니다.

세조는 아울러 내정과 국방에 힘을 기울였습니다. 내정에 있어서는 농잠을 장려하고 '상평창'을 시행하여 국민의 생활을 안정케 하였습니다. 특히 양잠을 장려하는 의미에서 궁중에 잠실을 두고 왕후 이하 귀빈들로 하여금 누에를 기르도록 하여 백성들에게 모범을 보이기도 하였습니다.

그리고 그는 전투에 관한 책도 지었는가 하면, 때때로 장병에게 직접 무예를 연습시켰으며, 전폐를 만들어 평상시에는 화폐로 사용하고 유사시에는 활촉으로 쓰게 하였습니다.

이와 같이 군비에 힘쓴 결과 세조는 이증옥의 난과 이시애의 난을 쉽게 평정할 수가 있었습니다.

세조는 또한 학문을 좋아하여 늘 여러 유신들과 학문을 연마하는 한편, 유학의 대중화를 꾀하였습니다. 《사서오경》에 토를 달고 《국조 보감》, 《동국 통감》의 편찬도 이 시대에 시작되었습니다.

특히 《경국 대전》은 큰 편찬 사업이었습니다. 《경국 대전》은 성종 때에 완성되었는데, 이는 근세 법전의 집대성이자, 조선 법령의 표준이 되었습니다.

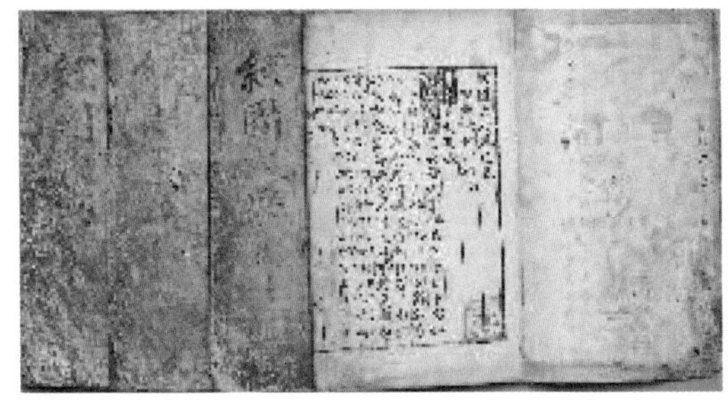
경국 대전

세조는 불교를 좋아하여 '간경도감'을 두어 불경의 조판과 인쇄를 행하였으며, 또 불경을 번역하게 하여 불교 교리를 백성에게 널리 알리고자 하였습니다.

그리고 서울에 원각사를 세웠는데, 그곳의 13층 대리 석탑은 당시 미술의 정교한 솜씨를 잘 보여 주는 것입니다.

세조는 세종과 같이 과학적 창의성을 지닌 분으로 토지의 원근과 고저를 측량하는 기구를 만들기도 했습니다.

세조는 이러한 큰 치적을 남겼을 뿐만 아니라, 국방력을 튼튼히 하는 일도 게을리하지 않았습니다.

대외 관계

이성계는 본래부터 명나라와 가까이할 것을 주장해 온 만큼, 나라를 세우면서 역시 친명 정책을 취하여 스스로 명나라에 대한 사대주의 자세를 취했습니다.

양국 사이에는 정기적으로 또는 특수한 경우에 서로 사절이 왕래하고 물품이 오가는 관습이 있었습니다.

이때 조선에서는 금, 은, 인삼, 모시, 말, 화문석, 종이, 자개 그릇 등이 건너가고, 명나라로부터는 갖가지 비단, 약재, 자기, 예복, 서적들이 건너왔습니다.

한편, 왜구는 조선 초기에도 이따금 서남 해안과 섬 지방들을 습격하였습니다. 그러자 이에 왜구의 소굴인 대마도를 먼저 정벌하기로 하였습니다. 태조 때에 이미 김사형을 오도병마 도통사로 임명하여 대마도를 치려 한 일이 있었습니다. 이 대마도 정벌 계획은 세종 원년에 드디어 이종무가 병선 227척에 군사 1,800명을 거느리고 진격함으로써 이루어졌습니다.

조선군은 대마도로 건너가 적선 13척, 민가 약 2천 호를 불사르고, 많은 포로를 데리고 돌아왔습니다.

그 후로 감히 조선을 침범하지 못하게 되자, 원래 해적질과 무역으로 생계를 삼던 왜인들은 매우 곤란한 형편에 빠졌습니다. 그래서 대마도의 두목은 자주 조선의 조정에 교통과 무역의 교류를 도와줄 것을 부

탁하였습니다.

이에 조정에서는 웅천의 제포, 동래의 부산포, 울산의 염포 등 3개 포구를 열어 무역을 허락하였습니다. 그리고 공로가 있는 주요한 왜인들은 조선의 직함을 받고 월급도 받았습니다.

3포 무역

무오 사화

성종 때부터 영남의 사림파가 관직에 오르기 시작하였습니다. 사림파의 중심 인물인 김종직은 성종의 지극한 사랑을 받아 그에게 글을 배우던 제자들까지도 벼슬자리에 많이 오르게 되었습니다.

그런데 이 새로 들어온 영남의 사림파는 전부터 조정에 있던 훈구파를 재물에만 탐을 내는 무리라 하고, 또 훈구파는 사림파를 경박하고도 야심적인 무리라 하여 서로 좋게 보지 않았습니다.

이리하여 사림파와 훈구파 두 파벌 간의 대립이 날로 심해졌습니다.

그러는 가운데 김종직의 제자인 김일손 등이 일찍이 사관(역사를 기록하는 관리)으로 있을 때 세조의 여러 가지 옳지 못한 행위와 이극돈 등 훈구파 학자의 바르지 못한 행실, 또 그 스승인 김종직의 작품인 '조의 제문'이란 글을 역사책에 기록한 일이 연산군 4년(1498년 무오년)에 발각되었습니다.

그러자 훈구파 학자 가운데 사림파의 미움을 많이 받은 이극돈, 유자광 등은 이를 좋은 기회로 여겨, 본래 글을 하는 사람을 싫어하는 연산군을 부추겨 김일손 등 사림파 거의 전부를 죄인으로 몰아 죽이거나 귀양을 보냈습니다.

이때 이미 죽은 김종직에게는 대역죄를 씌워 그 무덤을 파고 시체의 목을 베었습니다.

이 일을 1498년 무오년에 선비들이 화를 당했다고 하여 '무오 사화'라고 합니다.

갑자 사화

성종은 궁녀로 들어온 윤기무의 딸을 사랑하여 '숙의'로 올려 주었습니다. 숙의 윤씨는 인물이 뛰어나 성종이 가까이 하였고, 공혜왕후 한씨가 19살의 나이로 세상을 떠나자 마침내 왕비로 삼았습니다.

숙의 윤씨는 왕비가 되기 전에 왕자 융을 낳았는데, 성종은 이 왕자를 강희맹의 집에서 기르도록 하였습니다. 그러나 바로 이 왕자가 뒷날 폭군 연산군이 될 줄은 아무도 몰랐습니다.

왕비 윤씨의 홀어머니인 신씨는 이제 장흥 부인이 되어 영화를 누리게 되었습니다.

그런데 성종의 사랑을 함께 받아 오던 숙의 권씨와 숙의 엄씨, 숙의 정씨 등 후궁들이 왕비 윤씨에 대해 심한 질투를 하였습니다.

그들은 인수 대비를 찾아가 왕비 윤씨를 모함하여 궁궐에서 쫓아냈습니다. 그리고 쫓아낸 것도 부족하여 성종으로 하여금 사약을 내리도록 부추겨 결국 폐비 윤씨는 비참한 최후를 마쳤습니다.

폐비 윤씨의 이러한 비참한 죽음을 직접 눈으로 본 폐비의 모친 장흥부인 신씨는 이 사실을 폐비 윤씨의 아들인 연산군에게 알리려 하던 중 임사홍이 임금께 폐비의 억울한 죽음을 일러바쳤습니다.

이에 연산군은 숙의 엄씨와 숙의 정씨를 당장에 불러 때려 죽이고, 두 숙의의 아들 안양군과 봉안군은 잡아들여 목을 쳤습니다. 또한 사약을 들고 갔던 이세좌는 물론이고 윤필상, 임금에게 바른 소리를 한 이극균, 김광필, 이주, 어세겸, 한치형은 모두 죽임을 당했습니다. 그리고 이미 죽은 한명회, 정창손, 남효온 등은 무덤을 파헤쳐 그 뼈를 갈아 강에 던졌습니다.

이때 죽어간 문신과 선비들이 무려 백 명이 넘었습니다. 이 일이 갑자년(1504년)에 일어났다고 하여 이것을 '갑자 사화'라고 합니다.

기묘 사화

원래 학문에 뜻이 없고 또 학자를 싫어하던 연산군은 2대 사화 이래로 더욱 포악해져 자기가 하고 싶은 대로 매사를 처리하려 하였습니다.

연산군은 값지고 진귀한 것은 무조건 왕에게 바치라는 명령을 각 지방에 내리는가 하면, 유생들이 공부하는 성균관은 물론, 스님들이 불도를 닦는 원각사를 놀이터로 만들어 방탕한 생활을 하였습니다.

그러던 어느 날, 중추부 지사 박원종과 성희안이 만났습니다. 성희안은 연산군 12년에 연산군을 비웃는 시를 써서 미움을 사 한직으로 쫓겨난 인물이고, 박원종은 19살에 무과 시험에 합격한 무신이었습니다.

두 사람은 마주 앉아 연산군의 포악성을 이야기하다, 연산군을 몰아내자는 데 의견을 모았습니다. 여기에 유순정, 영의정 유순, 우의정 김수동, 유자광이 합세했습니다.

그리고 마침내 연산군 12년 9월 1일, 임사홍, 신수근, 왕비 신씨의 오빠 신수영을 없애고, 윤형로는 병사들을 이끌고 진성대군을 보호하였습니다.

그 여세를 몰아 박원종은 궁궐로 쳐들어갔습니다.

소란스러워 잠에서 깬 연산군은 주변에 아무도 없는 것을 알아챘습니다. 밖에서는 박원종이 옥새를 내놓으라고 소리를 쳤습니다.

이날 오후, 진성대군은 경복궁 근정전에서 즉위식을 올렸습니다.

중종은 왕위에 오르자, 사림파 조광조를 등용하여 연산군의 그릇된 정치를 개혁하기 시작했습니다.

먼저 대학인 성균관을 다시 일으키고, 사화 때 화를 당한 사람들의 원한을 풀어 주었습니다. 이처럼 선비들이 다시 햇빛을 보게 됨에 따라 앞서 사화로 귀양 갔던 유승조와 같은 학자들이 다시 풀려나 성균관에

서 학장으로 강의를 하기도 하였습니다.

일찍이 김종직의 제자인 김굉필에게 글을 배운 조광조는 29살 때 이미 기호 지방에서 성리학의 제일인자로 꼽힐 만큼 똑똑하여 중종의 신임을 한몸에 받았습니다.

조광조를 위시한 사림파는 1518년 현량과를 실시하여 젊은 인재를 뽑았습니다. 이들은 조광조와 함께 사회에 나쁜 영향을 끼치는 폐습을 바로잡는 등 개혁 정치를 하였습니다.

조광조가 이끄는 사림파 세력은 날로 커져 갔습니다.

이에 위협을 느낀 훈구파의 남곤 등은 나뭇잎에 꿀로 '주초위왕(走肖爲王)'이라는 글씨를 써 벌레가 갉아먹도록 했습니다. 조씨가 왕이 된다는 뜻으로, 조광조를 모함하기 위한 술책이었습니다.

그렇지 않아도 그들의 정책이 너무나 성급하고 과격해서 차차 중종도 부담을 느끼기 시작했던 터라 조광조와 그 따르는 무리들에게 마침내 사형이 내려지고, 그 처자들은 노비로 삼았습니다.

중종 14년 기묘년(1519년)에 반대파 남곤, 심정 등의 모함으로 조광조를 비롯한 여러 선비들이 귀양을 가거나 혹은 죽임을 당한 이 일을 '기묘 사화'라고 합니다.

을사 사화

기묘 사화가 있은 뒤 남곤,

심정 등이 정치를 도맡아 하여 세상이 늘 불안하고 평화롭지 못하더니, 또 중종 말년부터는 왕가의 외척 사이에서 정권을 둘러싼 싸움으로 반목과 갈등이 생겨 명종에 이르러 일대 비극을 일으켰습니다.

중종의 뒤를 이어 제12대 임금인 인종이 즉위하자, 인종의 외숙 윤임 일파가 세력을 떨치더니, 인종이 즉위한 지 겨우 8개월 만에 죽고 명종이 왕이 되니 그의 외숙 윤원형이 윤임을 물리치고 세력을 잡게 되었습니다.

이로써 전부터 세력 다툼을 하던 윤임과 윤원형 사이에 알력이 더욱 심해져, 윤원형 일파는 마침내 윤임 일파를 모함하여 타도한 뒤에, 평소에 그를 미워하던 선비를 모아 죽이거나 혹은 귀양을 보냈습니다.

명종이 즉위하던 을사년(1545년)에 일어난 이 사건을 '을사 사화'라고 합니다.

퇴계 이황

성리학은 중국 송나라 때 주희(주자)가 학문으로 이룩하여 체계를 세운 유교 철학으로, '주자학'이라고도 하며, '도학'이라고도 합니다.

우리나라에 성리학이 들어온 것은 고려 말로, 원나라를 통하여 들어왔습니다. 이것은 조선 시대의 유학의 주류를 이루어서 모든 분야의 근본이 되었습니다.

성리학자로서 관리가 된 사람들을 '관학파'라 하였으며, 정도전, 권근, 신숙주, 양성지 등이 관학파의 시조입니다. 관학파 성리학자들은 학문을 연구하는 것만으로 그치지 않고, 그것을 정치에 응용하려고 하였습니다.

이황은 연산군 7년인 1501년에 경북 안동군 도산면 온계리에서 태어났습니다.

어린 이황은 글공부보다도, 몸가짐이 바르고 행실을 삼가해야 훌륭한 사람이 된다는 어머니의 가르침을 가슴 깊이 새기며 자랐습니다.

이황은 34살의 나이에 비로소 과거에 급제하여 벼슬길에 나아갔습니다. 이황은 암행어사, 홍문관 대제학, 예문관 대제학, 성균관 대사성, 예조 판서 등 중요한 관직을 거쳤지만, 그의 마음은 학문에서 떠나지 않았습니다.

이황은 벼슬자리에 있을 때 온갖 부정을 없애려고 노력했으며, 일곱 번이나 관직에서 물러나기도 하였습니다.

이황은 도산 서원을 만들어 제자들을 길러 내는 데 온 정성을 쏟았습니다. 김성일, 유성룡을 비롯한 수많은 인재들을 길러 낸 이황은 영남학파의 스승으로 받들어졌습니다.

퇴계 이황이 선조 3년 1570년에 세상을 떠나자, 나라에서는 영의정 벼슬을 추증하고 문순이라는 시호까지 내려 그의 위대한 업적을 기렸습니다. 뿐만 아니라 전국의 서원에서는 제

퇴계 이황의 동상

도산 서원

향을 올렸습니다.

이황은 주자의 '이기 이원론' 사상을 이어받아 그것을 크게 발전시켰는데, 이기 이원론이란 우주 만물은 형태가 없는 원리인 이(理)와 기(氣)로 이루어졌다는 학설입니다. 이황은 '이'를 우주의 근본 요소로 본 주리파의 대표적인 학자였습니다.

이황의 학문은 일본에까지 건너가 일본 성리학 발달에 절대적인 영향을 주었으며, 일본 유학의 근본이 되었습니다.

율곡 이이

이이는 중종 31년 1536년에 어머니 신사임당의 친정인 강원도 강릉 북평촌에 있는 오죽헌에서 태어났습니다.

신사임당은 이이를 가졌을 때 용꿈을 꾸었습니다. 그리고 아기를 낳을 때까지 몸가짐과 생각하는 것과 말하는 것, 그리고 행동을 매우 조심하였습니다. 더러운 일과 악한 일 등은 보지도 않고 생각지도 않았습니다.

이이는 13살에 진사 초시에 합격하였으며, 29살 때 대과에 급제하여 호조좌랑에 올랐습니다. 이이의 호는 율곡이어서 이율곡이라고도 불립니다.

오죽헌

율곡 이이는 1568년 서장관으로 명나라에 다녀왔고, 이듬해 《동호문답》을 지어 정치 개혁을 주장했습니다.

40살 때인 1574년에 《성학집요》를 지은 이이는 6년 뒤에 호조 판서가 되었으며 대제학을 겸했습니다.

1583년 어느 날, 율곡 이이는 경연 자리에서 '10만 양병책'을 주장했습니다.

그러나 유성룡은 나라 살림이 어렵다는 이유로 반대를 하였습니다.

결국 이이의 10만 양병책은 받아들여지지 않았으며, 그로부터 9년 뒤에 임진왜란이 터지고 말았습니다. 이이는 앞을 내다볼 줄 아는 눈을 가지고 있었던 것입니다. 임진왜란이 일어나자, 유성룡은 후회하며 한탄을 하였습니다.

이이는 '이와 기는 둘이면서 하나이고, 하나이면서도 둘이다.'는 '일원적 이기 이원론'을 주장하였습니다. 이이는 우주의 근원을 '이'보다 '기'에서 구하는 학설을 완성하였습니다. 이것을 '주기파'라고 합니다.

이이는 김장생 등 여러 훌륭한 학자를 길러내었으며, 경기도와 충청도를 일컫는 기호학파의 스승이 되었습니다.

율곡 이이

특히 이이는 동인과 서인이 갈라져서 싸우는 것을 크게 걱정하고 중간에서 화합을 시키려고 많은 애를 썼습니다. 그렇지만 도리어 양쪽에서 비난만 받자 벼슬을 내놓고 파주의 율곡으로 내려가기도 하였습니다.

이이는 1584년 1월 15일, 49살의 아까운 나이로 세상을 떠났습니다. 나라에서는 문성이라는 시호를 내렸습니다.

임진왜란

삼포는 동래의 부산포, 웅천의 제포, 울산의 염포를 말합니다.

세종이 삼포를 열어 준 것은 왜구들의 노략질이 심하여 그들을 달래주려고 쓴 유화 정책이었습니다.

그 후 삼포에는 왜인들의 수가 늘어 갔습니다. 계해 조약을 체결할 때 삼포에 머무를 수 있는 왜인의 수는 60명으로 정하였으나 그 수가 점점 늘어나 세종 말년에는 2천 명 가량이나 되었습니다. 그런데 이들은 조선의 명을 어기고 무질서하게 교역을 하였고, 걸핏하면 조선 관리들과 다투었습니다.

중종 5년인 1510년에는 불만을 품은 왜인들이 대마도에 있는 왜병의

도움을 받아 폭동을 일으켰습니다. 이것이 '삼포 왜란'입니다.

이 무렵, 일본은 백여 년 동안의 전국 시대의 막이 내리고, 도요토미 히데요시가 전국 60여 주를 평정하였습니다.

도요토미는 제후의 우두머리가 되어 군사권을 한 손에 쥐더니, 조선과 명나라를 정복할 야심을 품었습니다.

일본은 여러 차례 사신을 보내어 겉으로는 친하게 지내자고 수작을 벌이는 한편, 중으로 변장한 첩자를 보내어 조선 8도를 두루 돌아다니며 지리와 군사 기밀을 탐지해 갔습니다.

그리고 마침내 선조 25년인 1592년, 도요토미는 일본 각 지방 영주들의 볼모를 오사카 성에 보내도록 하고, 그 해 3월 12일에 조선으로 출격 명령을 내렸습니다.

도요토미 히데요시

왜군의 대병력은 각각 병선에 나누어 타고 바다를 건너오기 시작했습니다. 그리하여 1592년 4월 13일, 육군 15만 명과 수군 9천여 명 등 16만 대군이 부산 앞바다에 나타났습니다.

이튿날인 4월 14일 새벽, 왜적은 마침내 부산성을 포위하고 공격하기 시작했습니다.

"탕, 탕탕……."

왜군은 포르투갈에서 들여온 조총을 쏘아대었습니다. 조선 군사들은 조총을 그때 처음 보았습니다,

조선 군사들은 조총에 맞아 맥없이 쓰러졌습니다. 뒤늦게 왜적의 침

입을 알게 된 조정은 긴급 회의를 열어 신립 장군을 남쪽으로 보냈습니다.

그러나 신립 장군도 개미떼처럼 몰려오는 왜군을 막아내기는 역부족이었습니다. 왜적은 거침없이 한양을 향해 북쪽으로 쳐올라왔습니다.

그 어려운 상황 속에서도 신립의 형인 신잡이 선조에게 건의하여, 광해군을 왕세자로 삼았습니다.

그리고 영의정 이산해를 비롯한 조정 대신들은 선조에게 피난갈 것을 권했습니다.

그래서 선조와 광해군은 평양으로 향했고, 다른 왕자들과 종친들은 강원도와 함경도로 떠났습니다. 임금이 궁궐을 버리고 떠나자, 노비들은 때를 만난 듯이 거리로 쏟아져 나왔습니다. 그리고는 노비 문서를 불사르고, 궁궐로 쳐들어가 물건을 훔치고 불을 질렀습니다.

이렇게 하여 왜적이 서울에 닿기도 전에 궁궐은 잿더미로 변해 버렸습니다.

선조 일행은 서둘러 피난길을 재촉하여 평양 근처에 이르렀습니다.

마침내 선조는 이덕형을 명나라에 보내어 구원병을 청하도록 하였습니다. 그리고 또다시 의주로 피난을 떠났습니다.

한편, 왜군은 부산에 상륙한 지 두 달 만에 개성을 거쳐 평양까지 차지해 버렸습니

동래부순절도 임진왜란 당시 동래부에서의 격전 장면을 그린 기록화

다. 왜군은 함경도 회령을 함락하고 왕자인 임해군과 순화군을 포로로 붙잡았습니다.

임해군은 함경도로, 순화군은 강원도로 피난을 가서 군사를 모으는 책임을 맡았지만, 두 왕자는 위세만 부리고 백성들을 괴롭히는 행패를 부렸습니다. 그러자 참다 못한 국경인 등 함경도 사람들이 그들을 붙잡아 왜군에게 넘겨준 것입니다.

선조 일행은 의주를 향해 가다가 정주에 이르렀을 때, 평양마저 함락되었다는 소식을 들었습니다. 대신들은 명나라에 구원병을 청하자고 하였습니다.

마침내 명나라 요동 부총병 조승훈이 5천 명의 군사를 이끌고 조선으로 왔으나, 평양성을 공격하다가 패하여 요동으로 밀려갔습니다.

그러자 명나라에서는 다시 심유경을 보내어 왜군 장수들과 교섭을 벌이도록 하고, 이여송에게 4만 5천 명의 군사를 딸려 보냈습니다. 이여송은 압록강을 건너 안주에 진을 쳤습니다.

이윽고 명나라 진지에서 천지를 울리는 대포 소리가 터져 나왔습니다. 왜군들은 느닷없이 퍼붓는 포탄에 기가 질려 버렸습니다. 명나라의 대포에 비하면, 왜군들이 가지고 있는 조총은 너무나도 보잘것없었습니다.

대포의 위력에 놀란 왜군들은 마침내 후퇴하기 시작하였고, 불과 하루 만에 명나라 군사들은 승리를 거두고 평양성을 차지하였습니다. 이여송은 그 기세를 몰아 왜군을 추격하여 벽제에 진을 쳤습니다.

한양까지 후퇴한 왜군은 복수전을 펼 것을 의논했습니다.

명나라와 조선 군사들은 힘을 합쳐 숫돌고개에서 왜적과 싸웠습니다. 그러나 이 싸움에서 왜군이 승리를 거두었고, 이여송은 평양으로 후퇴를 하였습니다. 이 싸움에서 양쪽 모두 피해가 컸습니다.

그 뒤 명나라와 일본은 무력 대신 대화로 매듭을 지으려 하였습니다.

이순신

이순신은 인종 1년 1545년 4월 28일, 한양 건천동에서 태어났습니다. 가난한 선비의 가정에서 태어난 이순신은 8살 때 외갓집인 충청도 아산으로 이사를 가서 살았습니다.

1572년, 선조 5년 8월에 이순신은 28살의 나이로 무예 과거를 보러 한성으로 갔습니다. 훈련원에는 전국의 무사들이 모여들었습니다.

시험은 활쏘기, 칼쓰기, 창던지기 등의 순서로 진행되었습니다. 맨 나중에 경마 경기가 열렸습니다.

말을 탄 이순신은 채찍질을 하며 앞으로 달려 나아갔습니다. 장애물을 뛰어넘으며 묘기를 보이던 이순신은 말이 갑자기 앞발을 드는 바람에 아래로 떨어지고 말았습니다.

잠시 정신을 잃었던 이순신은 벌떡 일어났습니다. 왼쪽 다리에서 피가 흘렀지만 이순신은 근처에 있는 버드나무 가지를 꺾어 그것으로 다리를 동여맨 뒤 다시 말을 타고 달렸습니다. 하지만 이 낙마 사고로 이

순신은 별과 시험에서 떨어졌습니다.

그로부터 4년 뒤인 선조 9년(1576년)에 이순신은 무과에 급제하여 권관이라는 최하급 장교가 되었습니다.

그 뒤 1586년에는 함경도 조산보의 만호가 되었으며, 이듬해에는 녹둔도 둔전관을 겸했습니다. 또한 1589년에는 전라도 순찰사 이광의 군관이 되었고, 12월에는 정읍 현감에 올랐습니다.

이순신

그리고 임진왜란이 일어나기 전 해인 1591년 2월에는 마침내 전라 좌수사가 되었습니다.

이순신은 1년 2개월 동안 남쪽 해안의 방비를 튼튼히 해 놓았을 뿐만 아니라, 임진왜란이 일어나기 불과 며칠 앞두고 거북선을 발명해 내었습니다.

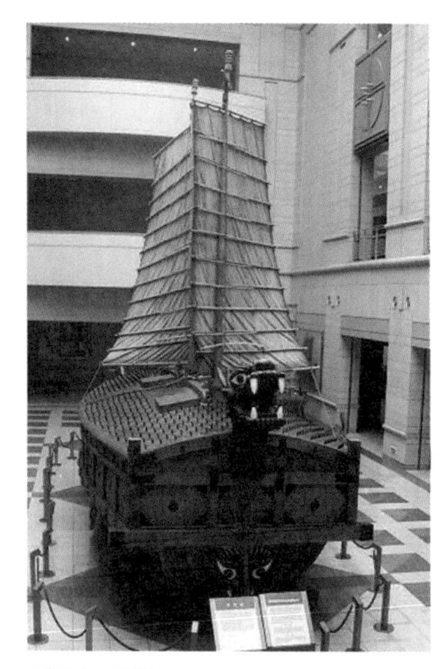
거북선 모형

1592년 3월 27일, 이순신은 자신이 발명한 거북선을 바다에 띄워 첫시험을 하였습니다. 거북선에서 발사하는 대포 소리는 우렁찼고, 화포도 개량하여 거북선에 장치하였습니다.

그리고 거북선 실험에 성공한 지 보름이 지난 뒤인 4월 13일에 임진왜란이 터졌습니다.

전라 좌수사 이순신 장군은 동이 트기 전에 배 85척을 이끌고 출진하였습니다. 왜적의 사나운 기세에 눌려 배 백여 척을 버린 채 도망쳐 온 원균의 배 4척과, 각 포에서 온 장수들의 병선과 힘을 합쳐 왜선을 찾아 나섰습니다.

옥포 해전은 임진왜란 때 왜적과 바다에서 겨룬 첫싸움이었습니다.

이순신 장군의 명령에 따라 각 전함은 순식간에 왜선 26척을 가라앉히니, 옥포만은 불바다가 되었습니다.

5월 7일에 있었던 옥포 해전은 임진왜란 중에 처음으로 승리를 안겨준 싸움이었습니다.

이순신 장군은 쉴 틈도 없이 함대를 이끌고 영등포로부터 40킬로미터나 되는 합포(마산) 앞바다까지 적을 추격하여, 왜선 5척을 불태우고 고성의 적진포에 머물러 있는 왜선을 찾아내어 11척을 불태웠습니다.

이순신은 왜적의 배가 가덕, 거제 등지에 나타나 수군과 육군이 힘을 모아 작전을 펴고 있다는 정보를 들었습니다.

이순신은 이를 맞아 싸우기 위해 전라 우수사 이억기, 경상 우수사 원균과 약속하고, 임진년 7월 6일에 이억기와 더불어 여수를 출발하여 노량에서 원균과 만나 3군이 진주 창신도에 이르러 하루 저녁을 지냈습니다.

그리고 7일 당포(고성)에 이르러 왜적의 배가 견내량(지금의 토영사 등면)에 정박해 있다는 정보를 듣고 다음날 아침에 일제히 그곳으로 달려갔습니다.

이순신은 견내량의 지형이 좁고 또 암초가 많아 큰 배들이 자유롭게

움직일 수 없을뿐더러, 적이 급할 때는 해안으로 올라가 도망갈 수 있는 곳임을 알고 적을 한산도 큰 바다로 끌어내어 쳐부술 작전을 세웠습니다.

한산도는 거제도 서남쪽 30리 바다 가운데 있는 조그마한 섬으로 물에 빠졌을 경우 헤엄쳐 도망할 곳이 없고, 또 비록 이 섬으로 도망간다 할지라도 굶어 죽을 수밖에 없는 곳이었습니다.

이순신은 먼저 배 5, 6척으로 맨 앞에 있는 적의 배를 공격하여 유인하였습니다.

일부러 쫓기는 척하면서 후퇴하니 적의 배들은 자꾸 따라왔습니다.

적의 배들이 바다 한가운데에 나타나자, 이순신은 다시 다른 장군들에게 명하여 마치 학이 날개를 펴는 형식으로 진을 치며 일제히 다가가

학익진수조병풍도

각종 총을 쏘아 2, 3척을 쳐부수었습니다. 그러자 다른 배들이 놀라 도망가기 시작했습니다.

이때 불에 타거나 가라앉은 적의 배가 60여 척이었으며, 죽은 사람도 그 수를 헤아릴 수 없을 정도였습니다.

그리고 겨우 남은 적선 10여 척은 이 광경을 보고 급히 도망하였습니다. 또 한산도로 숨어 들어간 적의 수가 약 400여 명이었는데, 거기서 13일간 풀을 뜯어먹고 연명하다가 겨우 뗏목을 만들어 자기 나라로 도망쳤습니다.

이순신의 연합 함대 160척은 왜군의 소굴인 부산을 기습 공격하여 407척의 왜선과 대전을 벌여 백여 척을 침몰시키는 큰 전과를 올렸습니다.

그러나 이 해전에서 이순신 장군이 아끼던 녹도 만호 정운이 장렬한 전사를 하였습니다.

한산도로 진을 옮긴 이순신 장군은, 1593년 8월에 삼도 수군통제사가 되었습니다.

이로써 이순신은 무인의 길에 나선 지 17년 만에 전라, 충청, 경상 3도의 수군 총사령관이 된 것입니다. 이순신의 나이 49살 때였습니다.

의병이 일어남

왜적의 불법 침입으로 곳곳에서 피해가 커지자, 민족적 울분도 커져 나무 그늘에서 글만 읽던 선비들과 깊은 산에서 도를 닦던 중들까지도 자진해서 일어나 의병을 조직하게 되었습니다.

조헌, 곽재우, 고경명, 김천일, 정문부와 같은 유학자들과 휴정(서산대사) 및 그의 제자 유정(사명당)과 같은 중들도 의병을 일으켜, 도처에서 왜적과 맞서 싸웠습니다.

특히 조헌은 승려 영규 등 700명의 의병과 함께 금산 싸움에서 끝까지 싸우다 장렬한 죽음을 맞이하였습니다.

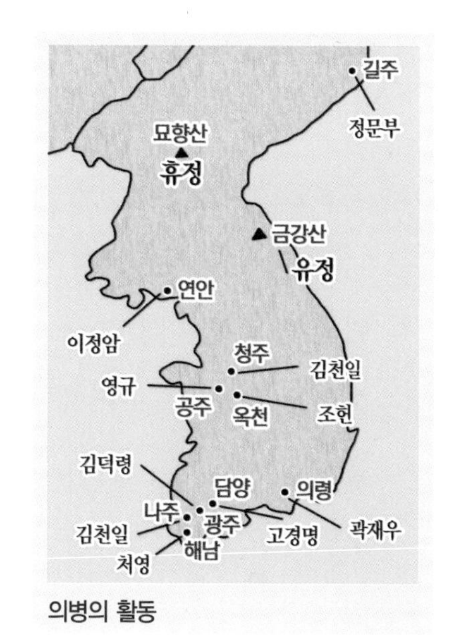

의병의 활동

휴정은 묘향산에 머물고 있던 중 선조의 부름을 받고 8도 승려들에게 적을 무찌를 것을 지시한 뒤, 제자 유정과 함께 1,700명의 승려들을 이끌고 명나라 군사와 함께 평양 탈환전을 벌여 승리했습니다.

그런가 하면 권율은 왜적이 처음 조선에

휴정

유정

쳐들어왔을 때, 광주 목사로 군대를 일으켜 맞서 싸웠으며, 그 후 진산에서 크게 승리하고 전라도 순찰사가 되었습니다. 그는 명나라 군대와 협력하여 서울을 빼앗기 위해 수원산성에 있다가 1593년 2월에 한강을 건너 행주산성에 집결하였습니다.

행주산성은 한강 가에 우뚝 솟은 독립된 산으로서 한쪽은 강을 바라보고 있고 다른 쪽은 넓은 평야로 둘러싸여 있는데, 동쪽은 가파르고 서북쪽은 완만한 비탈로 되어 입구를 이루고 있습니다.

이때 선거는 군대 4천 명을 거느리고 금천(지금의 시흥)에서 성원을 하였고, 김천일은 강화에서 해안에 진을 치고, 충청 감사 허황은 통진에서 응원을 하였습니다.

권율이 이끄는 병졸은 만여 명에 지나지 않았습니다.

왜적은 벽제관 싸움에서 이미 크게 승리한 뒤라 의기양양했고, 또 병력의 수도 대단했습니다. 그래서 그들은 단번에 이 산성을 빼앗기 위하여, 2월 12일 새벽에 부대를 나누어 총 병력 3만여 명이 일제히 공격을 하였습니다.

얼마 안 있어 성은 몇 겹으로 포위되었습니다. 권율은 적들이 가까이 오기를 기다렸다가 돌멩이와 화살을 비오듯이 퍼붓고, 총을 쏘아 적에게 큰 피해를 입혔습니다. 그러나 적은 군대를 세 패로 나누어, 물러났다가 다가오고 다가왔다가 물러서는 작전으로 끈기 있게 버티었습니다.

마침내 권율은 직접 칼을 빼어 들고 부하들을 격려하였습니다. 그러자 모두들 죽음을 무릅쓰고 맹렬히 싸웠습니다. 응원하러 온 조선의 함선이 화살을 싣고 한강을 거슬러 오자, 군사들의 사기는 더욱 높아졌습니다.

마침내 적은 죽은 병사의 시체를 네 곳에 쌓아 불로 태우고 물러갔습니다. 적이 물러간 자리에는 조선의 군사들이 빼앗은 적의 총기와 갑옷 등이 산더미처럼 쌓였습니다.

한편, 진주성은 낙동강의 지류인 남강 연안과, 동쪽으로는 함안, 진해, 남쪽으로는 사천, 고성, 그리고 북쪽으로는 삼화, 의령, 서쪽으로는 단성, 곤양, 하동에 이르는 곳으로 진주 목사 김시민이 지키고 있었습니다.

이때 부산에 있던 왜적의 장수 하세가와는 동래, 김해에 있는 왜군 3만여 명과 합세하여 경상도로 쳐들어 왔습니다. 또 수군을 일으켜 웅천 해안에 자리 잡고, 전라도로 들어가는 길목을 가로막았습니다.

1592년 10월, 왜장들은 3만여 대군을 이끌고 진주성을 공격하였습니다.

김시민은 성문을 굳게 닫고 화살을 아껴 적이 가까이 올 때만 쏘라고 명령하였습니다. 또한 밤에는 슬픈 음악을 연주해 왜군들이 고향 생각이 나도록 하여 사기를 떨어뜨렸습니다.

그러자 왜군은 성의 동북쪽에 대나무 틀을 짜 놓고 그 위에서 성 안을 향하여 총을 쏘았습니다. 그러나 조선의 군사들이 여기에 대항하여 화약을 넣은 화살을 쏘아 그 대나무 틀을 삽시간에 무너뜨려 버려 그것도 아무 소용이 없게 되었습니다.

이렇게 5, 6일을 버티고 있던 중, 의병장 곽재우가 심대승을 비롯해 용맹스러운 군사 100여 명을 보내어 밤에 횃불을 들고 성 밖의 비봉산에 늘어서서 막강한 구원 부대가 왔다는 기세를 보이자, 왜군은 놀랐습니다.

마침내 6일째 밤에 적이 갑자기 고함을 지르며 성 밑으로 달려와 성을 기어오르려 하자, 성 안에서는 미리 준비하여 두었던 마른 갈대에 화약을 싸서 성 밖으로 던지면서 큰 돌을 굴렸습니다. 또한 성 북쪽의 문을 향하여 오는 적의 기마병에 대해서도 맹렬히 돌멩이를 던져 올라오지 못하게 하였습니다.

그리하여 왜군은 큰 손해를 입고 기세가 꺾여 마침내 물러가지 않을 수 없었습니다.

그러자 김시민은 성루 위에 올라가 쫓기는 적을 향하여 활을 쏘아 많은 적을 쓰러뜨렸습니다. 그때 어디선가 갑자기 적의 유탄이 날아왔습니다. 김시민은 이마에 유탄을 맞고 피를 흘렸으나 조금도 놀라지 않았습니다. 그러나 이로 인하여 김시민은 한 달 동안 앓다가 죽고 말았습니다.

정유재란

1593년 6월, 진주성을 점령한 왜군은 남해안에 군사를 나누어 머무르게 하고 일부는 본국으로 돌아갔습니다.

한편, 왜군은 조선과 명나라 연합군의 공격을 누그러뜨리고 전열을 가다듬기 위해 휴전을 제의하였습니다. 명나라는 심유경을 일본에 보내어 도요토미와 회담을 하였으나 끝내 깨어지고 말았습니다.

선조 30년(1597년) 정유년에 도요토미는 15만 대군을 이끌고 다시 조선을 쳐들어왔습니다.

그 당시 바다를 지키던 이순신은 모함을 받아 수군통제사 자리를 내놓아야 했습니다. 대신 원균이 수군통제사가 되어 밀려오는 적들과 싸웠습니다. 그러나 원균의 연합 함대는 칠전도와 고성 앞바다에서 크게 패하였고, 왜군은 충청도 직산까지 올라갔습니다.

그때 또 명나라에서 응원군이 와 조선 군사와 연합하여 곳곳에서 왜군을 맞아 싸웠습니다. 특히 왜군을 직산의 소사뜰에서 크게 섬멸해 북으로 올라오려는 세력을 꺾어 버렸습니다.

한편, 원균이 죽고 수군이 대패하자, 선조는 크게 후회하며 이순신을 다시 통제사로 임명하였습니다. 이순신은 원균의 뒤를 받아 겨우 12척의 배와 흩어져 있는 군사를 모아 서해로 돌아가려는 적의 많은 함대를 울돌목(명량)에서 습격해 크게 무찔렀습니다.

이 울돌목 대첩으로 말미암아 적은 감히 서해를 넘보지 못하게 되었습니다. 이순신은 더욱 마음을 가다듬어 명나라의 해군 제독 진린과 연합하여 다시 적의 해군을 고금도에서 크게 격파하였습니다.

선조 31년 8월에 왜군의 두목 도요토미 히데요시가 죽었습니다. 그는 조선 원정군을 철수하도록 유언을 남겼습니다.

그래서 왜군은 빠져 돌아갈 기회를 엿보아 속속 도망갔는데, 이순신은 이 기회에 물러가는 적을 부수고자 노량 해상에서 적의 대부대를 맞아 무찌르다가 아깝게도 적의 유탄에 맞아 최후를 마쳤습니다.

선조 31년(1598년) 11월의 일입니다.

그리하여 이 틈에 왜군은 뿔뿔이 달아나 버리고 명나라 군대도 또한 본국으로 돌아가자, 전후 7년에 걸친 대 전란은 끝이 났습니다.

광해군의 외교 정책

선조의 뒤를 이어 광해군이 왕이 되자, 이이첨, 정인홍 등 북인이 정권을 잡게 되었습니다.

그들은 그들의 위치를 다지기 위하여 왕실 측근들을 이간질시켰습니다.

이에 광해군은 거기에 말려들어 형제를 죽이게 되고, 계모인 인목 대비(선조의 계비)까지 유폐시켰습니다.

이와 같이 광해군은 당쟁의 마수에 걸려 수렁에 빠졌으나, 그는 문화 시설과 대외 관계 등에 있어서만은 매우 현명한 정책을 썼습니다.

이때 가장 복잡한 외교는 후금과 명나라에 대한 관계였습니다.

진주위의 추장 누루하치의 세력은 점점 확대되어 광해군 8년(1616년) 드디어 자립하여 후금을 세우고 명나라의 국경을 침략하였습니다.

명나라에서는 군대를 보내어 이를 막으며 조선에 구원병을 청하였습니다. 광해군은 이에 쉽사리 응하지 않다가 앞서 왜란 때 명나라의 도움을 크게 받았으므로, 드디어 1618년에 도원수 강홍립, 부원수 김경서 이하 만 3천여 명을 보내어 명나라를 도왔습니다.

강홍립 등은 지금의 평북 창성에서 압록강을 건너, 명나라 군대와 합세해 부차에서 적의 대부대와 싸우게 되었습니다. 그러나 연합군은 후금에게 크게 패해, 선천 군수 김응하 이하 몇몇 장수가 전사하였습니다.

강홍립은 적에게 명나라를 돕지 않을 수 없는 이유를 말하고 남은 부대와 함께 후금에 항복하였습니다. 후금은 조선이 명나라를 도운 것이 본뜻이 아닌 것을 알고 포로 대부분을 돌려보내 주었습니다.

그동안 명나라의 대군을 연거푸 무찌른 후금의 군대는 봉천과 요양을 빼앗고 요서 가까이 접근하였습니다.

명나라 장군 모문룡은 요동을 회복하려고 광해군 14년(1622년)에 원조를 요청해 왔습니다.

그러나 광해군은 지략이 뛰어난 박엽을 평안 감사에, 또 정충신을 만보 첨사에 임명하여 국경을 엄중히 지키는 한편, 미묘한 외교 관계에서 신속한 정보를 얻어 가며 명나라와 금나라에 대하여 중간 입장을 취하였습니다.

광해군은 명나라를 저버리지도 않고 후금의 분노도 사지 않는 중립 정책을 취하는 동시에, 안으로 군기와 성터를 정비하고 인재를 적절히 배치하였습니다.

정묘호란

'인조 반정'으로 정권을 잡은 서인은 광해군의 사랑을 독차지하던 이이첨, 정인홍 등 수십 명을 극형에 처하고 그 나머지도 귀양 또는 축출하였습니다.

김유 이하 서인 50여 명은 다시 세력을 잡았지만, 그 가운데서도 더

많은 권세를 잡기 위한 세력 다툼이 생겼습니다. 그러던 중 인조 2년에 이괄이 반란을 일으켰습니다.

이괄은 인조 반정에 큰 공을 세웠는데도 평안 병사 겸 부원수로 임명되어 변방으로 밀려나게 되자, 이에 불만을 품고 반란 계획을 세웠습니다.

그러나 이 사실을 미리 알고 조정에 밀고한 사람이 있었습니다. 조정에서는 이괄 체포령을 내렸습니다. 그러자 이괄은 군사를 급히 수습하여 서울로 쳐들어왔습니다. 그때 인조는 공주로 피난하였습니다.

이괄의 기세는 자못 등등하였으나 정부군의 장만, 정충신, 이서 등과 안현에서 맞서 싸우다 도망가던 중, 마침내 이천에서 그의 부하에게 죽임을 당하고 말았습니다.

이괄의 난은 비록 짧은 시일에 평정되었지만, 그 질풍과 같은 행군과 서울의 침입, 임금의 피난 등 일찍이 보지 못하던 내란이었습니다. 이러한 내부의 혼란은 국내 인심은 물론이요, 밖으로 후금의 움직임에도 큰 영향을 미쳤습니다.

이듬해인 인조 3년, 후금은 명나라의 요새인 영원성을 공격하였습니다.

명나라 장군 애숭환은 포르투갈 인이 제조한 불랑기포를 사용하여 성을 굳게 지키고, 또 모문룡은 철산에서 후금의 뒤를 공격했습니다. 후금의 누루하치는 결국 영원성을 빼앗지 못하고 도리어 부상을 당하여 얼마 있지 않아 죽었습니다. 그리고 그의 아들 태종이 뒤를 이어 왕위에 올랐습니다.

태종은 먼저 조선을 굴복시키려고 왕자 아민 등과 함께 군사 3만여 명을 이끌고 의주, 정주, 선천, 곽산, 평양을 거쳐 평산까지 쳐들어왔습니다.

인조 이하 신하들은 미리 강화도로 피난하였다가 전세가 극히 불리해지자, 후금과 '정묘조약'을 맺고 싸움을 그만 두기로 하였습니다.

앞으로 서로 압록강을 넘지 않을 것과 조선은 해마다 한 번씩 조공을 바치고, 서로 무역을 하기로 약속하고 그들을 돌려보냈습니다.

이때 이미 후금에 항복했던 강홍립 등도 따라와 조선과 후금 사이의 강화 조약 성립에 중간 역할을 하였습니다.

이 해가 인조 5년(1627년)으로, 이를 '정묘호란'이라고 합니다.

병자호란

후금은 그 뒤에 약속을 어기고 국경을 자주 침략하는 한편, 신하의 예를 갖추고 조공을 바치라고 강요했습니다. 인조 14년(1636년) 병자년에 이르러 후금 태종은 국호를 청이라고 고치고 자신을 황제라 일컬으며 우리에게 승인을 요구하였습니다.

이에 대하여 조선에서는 맞서 싸우자는 여론이 드높았습니다.

인조 14년 12월 2일, 청나라 태종은 용골대와 마부대를 선봉장으로 10만 대군을 이끌고 압록강을 건너 조선을 침략했습니다.

임경업 장군이 지키고 있던 백마산성의 군사와 백성의 수는 모두 합쳐 8백 명밖에 되지 않았습니다.

임경업

10만의 청나라 군사를 막기 위하여, 임경업 장군은 성 둘레에 수백 개의 창검과 깃발을 꽂고 허수아비를 성 뒤에 잔뜩 세웠습니다. 또 모든 백성에게 횃불을 두 개씩 들게 하고 함성을 지르면서 군사들에게 화포를 쏘도록 하였습니다.

이 광경을 지켜본 마부대는 철통 같은 수비에 겁을 먹고, 첫싸움에 패하는 것보다는 임경업이 지키는 백마산성을 피해 가는 게 좋겠다고 생각했습니다.

결국 청나라 군사들은 백마산성을 건드리지 않고 피하여 남쪽으로 진군하였습니다.

그때에 왕족은 먼저 강화도로 피난 가고, 인조와 소현 세자는 남한산성으로 피했습니다. 청군은 서울을 무난히 점령하고 남한산성을 포위하여 공격하였습니다.

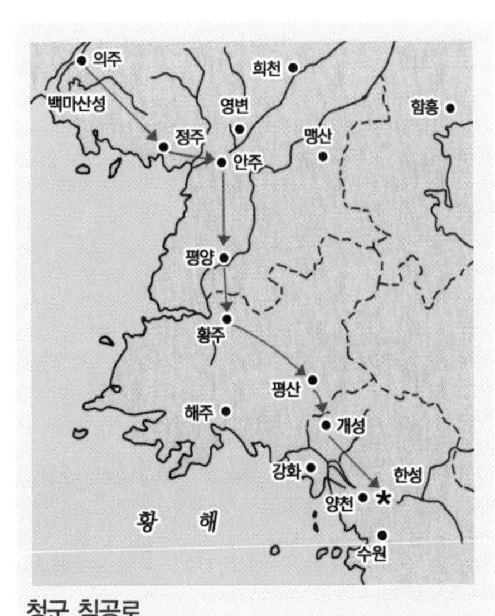

청군 침공로

성 안의 조선 군사는 추위를 무릅쓰고 약 45일 동안 열심히 싸웠으나 식량이 거의 다 떨어지고 강화도 또한 적의 손아귀에 떨어졌다는 소식이 들려오자, 인조는 화해하자고 주장하는 최명길의 의견을 따라 성문을 열고 삼전도의 청군 진영에 내려와, 명나라에 대한 모든 준례를 청나라에 행한다는 조건으로 화친을 맺기에 이르렀습니다.

이른바 '병자호란'으로 역사상 가장 치욕적인 순간이었습니다.

병자호란 때 청군은 우리의 두 왕자 소현 세자와 봉림 대군을 볼모로 데려가고, 또 화해를 반대했던 홍익환, 윤집, 오달제 등을 인질로 잡아갔습니다.

인조가 청나라에 무릎을 꿇자, 의주 부윤 임경업은 비밀리에 명나라를 통하여 청나라를 치고자 하였으나 목적을 달성하지 못하였습니다.

그리고 앞서 청나라에 볼모로 잡혀갔던 봉림 대군이 돌아와, 인조의 뒤를 이어 제17대 임금이 되었습니다. 효종은 특히 청나라에 대한 사정을 잘 아는 터라 국력을 길러 청나라를 치려는 계획을 세우고 모든 준비를 진행하였으나, 재위 10년 만에 세상을 떠나고 말았습니다.

그 뒤 18대 현종, 19대 숙종 때에도 가끔 청나라를 치자는 주장이 나왔으나 결국 실현되지 못했습니다.

영조 · 정조

영조는 조선 21대 임금이요, 정조는 22대 임금입니다. 영조, 정조가 다스린 70여 년 동안에는

쇠약해진 국력이 다시 일어났고, 특히 문화에서 많은 발전을 하였습니다.

영조는 본래부터 우리 조정의 고질인 당파 싸움의 폐해를 잘 아는 터라, 이른바 '탕평책'을 내세워 어느 당파에도 치우치지 않고 그들의 주장을 공평히 들어주어 안정된 정치를 펼쳤습니다.

이 탕평책은 정조 때에도 이어져 사색 당쟁의 폐해를 아주 뿌리 뽑지는 못하였으나, 당쟁의 참화는 일어나지 않았습니다.

영조는 또한 백성들을 다스리는 데 힘을 기울여, 농업을 장려하고 균역법을 써 백성들의 부담을 가볍게 하기에 힘썼습니다. 그리고 악형을 금하고 신문고를 두어 백성들의 어려움을 들었으며, 또 사치를 금하게 하였습니다.

《동국문헌비고》, 《국조악장》은 이 시대의 유명한 책들입니다.

그런가 하면 측우기를 다시 만들어 곳곳의 우량을 알게 하였습니다.

영조의 뒤를 이은 정조는 학문을 좋아하는 현명한 임금이었습니다.

정조는 영조의 손자로 역시 탕평책을 실시하고, 특히 농민을 다스리는 데 신경을 썼습니다. 이에 관한 책도 많이 만들어 전국에 나눠 주고, 지방의 관리들에게도 농민들의 여론을 항상 귀 기울여 들을 것을 강조하였습니다.

규장각 전경

그는 일찍이 대궐 안에 '규장각'을 두어

뛰어난 학자들을 뽑아 여러 가지 책을 편찬하였습니다. 뿐만 아니라 서얼 출신인 이덕무, 유득공, 이서구, 박제가 등도 뽑아 관리로 삼았습니다.

법전인 《대전 통편》, 그리고 《무예도보통지》, 《동문휘고》, 《규장 전운》 등은 이때에 만든 귀중한 책입니다.

새로운 종교

천주교가 조선에 알려진 것은 선조에서 광해군 시대의 일입니다.

그 후 인조 때에 이르러 서양의 문물과 함께 책이 들어옴에 따라 일부 학자들 사이에 그것을 연구하게 되어 천주교는 서학 또는 천주학이라 하여 널리 퍼지게 되었습니다.

이로부터 천주교가 책을 통하여 점점 민간인 사이에 퍼져 영조, 정조에 이르러서는 황해도, 경기도, 강원도, 그리고 충청도 등지까지 퍼졌습니다.

그런데 이때 신자들 사이에는 사당을 헐고 제사를 없애는 사람들이 많았으므로, 왕은 이를 엄금하는 명령까지 내렸습니다.

사당을 헐고 제사를 없앤다는 것은 유교를 숭상하고 있던 당시로서는 상상도 못할 일이었습니다.

이 새로운 종교에 대하여 특별한 관심을 가졌던 사람들은 대개 권세

를 잃은 남인과 세상에 불평이 많았던 사람들입니다.

이승훈

남인파의 한 사람이었던 이승훈은 정조 7년 1783년 겨울에 북경에 갔을 때, 서양인 신부에게 세례를 받고 많은 성서와 성물을 갖고 돌아왔습니다.

그 뒤로 천주교가 점차 퍼지면서 신주를 파묻고 제사를 없애는 일이 많아지자, 조정에서는 중국으로부터 책이 들어오는 것을 금하고 신주를 불살라 없앤 충남 금산의 윤지충과 권상연을 사형에 처하였습니다.

그 후 박해가 좀 뜸하여지자, 정조 19년 1795년에 주문모란 청나라 신부가 몰래 들어와 서울을 중심으로 7년간 선교 활동을 하여 신자 수는 날로 늘어갔습니다.

정조가 세상을 뜨고 순조가 즉위하자, 다시 혹독한 박해가 시작되어 이승훈을 비롯하여 권철신, 홍낙민, 이가환, 정약종 등 남인파의 신자는 모두 목숨을 빼앗기고, 그들의 가족들까지도 죽거나 혹은 귀양을 갔습니다. 이것이 1801년의 '신유박해'입니다.

그러나 천주교의 세력은 금하면 금할수록 더 커져 갔습니다.

헌종 2년 1836년에 세 사람의 신부 샤스텡, 모방, 앙베르가 서울에 숨어 들어왔습니다. 그들은 몰래 선교 활동을 하다가 헌종 5년에 발각되어 신도 30여 명과 함께 처형당하였습니다. 1839년의 '기해박해'입니다.

또 우리나라 최초의 신부였던 김대건은 헌종 12년에 청국 어선을 통하여 청국과 연락을 취하려고 황해도 지방에 갔다가 관헌에게 잡혀 다른 7명의 신도와 함께 순교하였습니다. 이 일로 다시 일어나려던 천주교 세력이 꺾였습니다.

신부 김대건

다음에 철종이 즉위하여 천주교에 대한 박해가 좀 누그러지자, 철종 10년에는 그 신도 수가 16,700명에 이르렀으며, 프랑스 신부 베르누 등 많은 신부들이 들어오게 되었습니다.

서양 배의 출몰

순조 원년 1801년에 서양 배 1척이 제주도 대정현에 나타났습니다. 그때 그들은 선원 5명을 상륙시키고 갔습니다.

말이 통하지 않아 그 다섯 사람을 북경으로 보냈으나 끝내 받아들이지 않아 돌아온 일도 있었습니다.

그 후 순조 30년(1831년)과 그 다음해에도 서해 고대도섬에 영국 배가 와서 서신을 전하고 통상을 청한 일이 있었으나 허락하지 않았습니다.

또 헌종 6년 1840년에 영국 배가 제주도에 온 일이 있고, 헌종 11년

에는 영국 배가 남해안에 정박하여 모든 섬들을 측량하고 무역을 청하는 일도 있었습니다.

그리고 다음해에는 프랑스의 해군 소장 세실르가 군함 3척을 이끌고 홍주 외연도에 도착하여 프랑스 신부 3명을 학살한 데 대하여 항의하는 편지를 전하고는, 다음해에 회답을 받으러 다시 오겠다면서 돌아갔습니다.

그리고 나서 이듬해에 프랑스 해군 소장 라피에르가 군함 2척을 이끌고 회답을 받으러 오다가 전라도 고군산 근처에서 침수되었으나, 선원 700여 명이 무사히 상륙하였다가 중국 상하이로부터 구조선을 얻어 돌아간 일이 있었습니다.

이에 조선은 서양 세력에 대한 공포와 불안에 쌓여 문을 굳게 닫았습니다.

이때 청나라에서는 아편 전쟁이 일어나고 있었습니다. 영국 배가 청나라의 광뚱을 봉쇄하고 샤먼, 진해, 영파, 오송을 차례로 쳐들어가 마침내 청나라는 난징 조약을 맺고 홍콩을 내주었으며, 상하이, 영파, 푸조우, 샤먼, 광뚱의 5개 항구를 영국에 개방해 주는 등의 굴욕을 당했습니다.

또 그 후 애로우호 사건으로 영국은 프랑스와 연합하여 베이징까지 쳐들어가 궁전을 불살랐습니다. 그리고 마침내 철종 11년 1860년에 베이징 조약을 맺었습니다.

이러한 대국 청나라의 패배 소식을 접한 조선 조정은 쇄국 정책을 더욱 굳힐 수밖에 없었습니다.

홍경래의 난

홍경래는 평안도 용강 사람으로 평안도 사람에 대한 조정의 차별 대우에 큰 불만을 품고 있었습니다.

당시 나라는 왕의 외척들의 세도 아래 관리들의 노략질이 심하고, 백성은 흉년이 들어 생활이 매우 궁핍해졌습니다. 이를 기회로 1811년 홍경래는 김사용, 우근측, 이희저, 김창시 등과 함께 하산군 다복동을 근거지로 삼아 반란을 꾀하였습니다.

그러자 여기에 평안도 백성들이 구름같이 모여들었습니다. 홍경래는 청천강 이북 8개 읍을 차지하였으나, 박천 송림리에서 관군과 싸워 실패한 후 이듬해 정월에 정주성으로 후퇴했습니다.

홍경래는 험준한 정주성을 배경으로 철저한 대항을 하였기 때문에, 관군의 총공격은 너댓 차례나 실패를 거듭하게 되었습니다.

홍경래의 점령 지역

그러나 관군이 땅속으로 굴을 파 들어가 성 밑에 화약을 묻어 폭파하여, 마침내 홍경래 난을 진압하였습니다. 순조 12년 1812년 4월의 일입니다.

민중의 반란

홍경래가 죽었다고 하여 민중의 불만이 사라진 것은 아니었습니다. 조정에서는 여전히 외척 사이의 정권 다툼이 있고, 관리들은 백성을 수탈했습니다.

마침내 철종 13년 1862년 '진주의 민란'으로 폭발되어 경상, 충청, 전라에 세력이 뻗치고, 함흥, 제주에서도 반란이 일어났습니다.

이때 조정에서는 영남과 호남에 각각 조사단을 보내어 민란이 일어난 이유를 조사하였습니다. 그리고는 민심 수습을 위해 썩은 관리들을 벌하고 창고의 쌀을 풀어 백성들에게 나누어 주었습니다.

그 뒤 백성들의 여론을 조사해서 여러 가지 제도를 만들었으나 관리들은 여전히 그 법을 악용해서 백성들을 못살게 굴었습니다.

철종 시대에 이르러 정치는 더욱 부패하고 민생은 도탄에 빠져 민심이 극도로 혼란하였습니다. 그런데다 천주교에 대한 조정의 강력한 탄압은 더욱 민심을 자극하였습니다.

최제우는 철종 11년 1860년에 유교, 불교, 도교의 교리를 종합하여 이른바 '동학'을 만들었습니다.

이 동학은 서학, 즉 천주교에 반대되는 개념으로 동양의 고유한 종교입니다. 동학은 농민에 기반을 둔 대중적인 종교이고, 사회를 개혁하려는 현실 종교이며, 외국 세력에 반대하는 민족적인 종교였습니다.

최제우

핍박받는 백성들에게는 의지할 수 있는 좋은 피난처가 되었던 것입니다. 동학을 따르는 백성들의 수는 날이 갈수록 점점 더 늘어 갔습니다.

최시형

이에 위협을 느낀 조정은 철종 14년 1863년에 최제우를 잡아들였습니다. 최제우는 가짜 종교로 세상을 어지럽히고 백성을 속인다는 죄목으로 대구 감옥에 갇혀 있다가 그 이듬해에 처형당했습니다.

그러나 최제우의 뒤를 이은 최시형은 포교 활동을 계속 하고, 여러 곳에 접소를 두어 교단 조직을 늘려 갔습니다.

대원군의 집권

동학의 시조인 최제우가 관군에게 잡혔던 다음달 12월에 철종은 병으로 세상을 떠났습니다.

그런데 철종의 대를 이을 아들이 없자, 왕위 계승에 관한 대책이 왕실에서 이미 비밀리에 세워졌습니다. 그리하여 흥선군 이하응의 둘째 아들이 왕의 자리에 올랐는데, 이분이 바로 고종입니다.

흥선 대원군 이하응

이때 고종의 나이가 겨우 12살, 그리하여 흥선군이 대원군으로서 정권을 잡기에 이르렀습니다.

대원군은 외척으로 세도를 부리는 안동 김씨를 누르고 당파 싸움을 없애기 위해, 그동안 밀려나 있던 남인, 북인을 등용하였으며, 지방과 계급의 차별을 두지 않고 인재를 널리 뽑아 관직에 앉혔습니다.

그리고 전부터 여러 가지 폐단을 빚어 오던 지방의 서원(조선 때 선비들이 모여서 학문을 논하던 곳)을 6백 곳 중에서 47곳만 남기고 모두 헐어 버렸습니다. 특히 사대주의의 표본인 청주 화양동의 안동묘와 서원을 없애 버렸습니다.

또 행정부를 무력화시킨 여러 군부를 없애고, 대신 삼군부를 두어 국방을 맡게 하였으며, 호별세를 실시하여 양반에게도 이를 부담시켰습니다. 뿐만 아니라 나쁜 습관과 의복을 고치는 등 참으로 과감한 개혁을 시행했습니다.

그러나 고종 2년 1865년에 대원군은 왕의 권위를 나타내려고 경복궁을 다시 세우도록 하였는데, 공사비를 보충하기 위하여 백성에게 원납전을 바치게 하고, 강제로 토목 공사장으로 끌어내는 부역을 강요하여 도리어 백성의 원성을 사게 되었습니다.

하지만 이로써 임진왜란 때 불타 버렸던 경복궁이 다시 세워지게 되었습니다.

쇄국 정책

러시아는 청나라와 조약을 맺어 연해주 지방을 차지한 결과 우리나라와 서로 지리적으로 이웃이 되었습니다.

이때부터 러시아 사람들은 조선에 들어와 교류를 요구하였습니다.

이에 천주교도들은 프랑스의 원조를 얻어 러시아와의 관계를 처리하고, 그 대신 선교의 자유를 인정받고자 대원군과 교섭하였으나 원활치 못하였습니다. 이 틈을 타 천주교 배척을 주장하던 사람들이 다시 일어나 대원군을 부추겼습니다. 이때 천주교도 대학살 사건이 일어났습니다.

서울과 지방에 걸쳐 수많은 천주교도와 베르누 이하 10여 명의 프랑스 신부들이 피살되었습니다. 이것이 고종 3년 1866년 초봄에 있었던 '병인박해'입니다.

그런데 이 사실이 당시 중국 톈진에 있던 프랑스 파견 함대 사령관 로스에게 알려지자, 로스는 그 해 10월에 7척의 함대를 이끌고 강화도

를 습격하였습니다.

그러자 조정은 연안 각 지방의 방비를 엄히 하는 동시에 이용희, 한성근, 양헌수 등을 시켜 이들을 막게 하였습니다.

강화도를 점령한 프랑스군은 서울로 향하다가 통진에서 한성근이 이끄는 군사에게 격퇴되었으며, 정족산성으로 올라가던 프랑스군은 양헌수의 군사에게 패하였습니다. 그들은 할 수 없이 강화를 물러가면서 귀중한 책과 물품을 약탈하고 강화도에 불을 지르고 달아났습니다. 이것을 '병인양요'라 합니다.

이 해 7월 미국 상선 제너럴셔먼호가 대동강을 거슬러 올라와 평양 부근에 이르러 통상을 요구해 왔습니다. 평양 감사는 물과 식량을 주며 돌아갈 것을 권했지만, 셔먼호는 듣지 않고 상류로 올라와 수심을 측량하고 조선인을 배에 감금하고 죽이는 등 행패를 부렸습니다. 그러다 물이 빠져 배가 꼼짝을 못하게 되었습니다. 그러자 화가 나 있던 평양 주민들은 배를 불사르고, 선원들을 강가로 끌고 나와 죽였습니다.

강화도 덕진진의 미군

이 사건이 일어나고 5년 후, 청나라에 있던 미국 공사 로우와 아시아 함대 사령관 로저스는 제너럴셔먼호 사건을 해명하라고 요구하며 고종 8년(1871년) 4월에 5척의 함대를 이끌고 인천 근해를 거쳐 강화 해협으로 들어오려다가 광성진에서 어재연 군대의 맹렬한 포격으로 목적을 이루지 못하였습니다.

완강한 저항에 부딪친 미군은 한 달 동안 버티다가 청나라 기지로 물러가고 말았습니다. 이것을 '신미양요'라 합니다.

두 차례에 걸친 양요로 의기양양해진 대원군은 천주교 탄압과 쇄국 정책을 계속 밀고 나가며 곳곳에 척화비를 세웠습니다.

개항

1854년 일본은 미국의 위협에 눌려서 미·일 화친 조약을 맺어 문호를 개방했습니다. 또한 '메이지

유신'을 이룩하여 서양의 새로운 문물을 받아들이고 있었습니다.

이즈음 조선 조정은 개화와 척사파로 나뉘어 혼란한 상태였습니다. 그 틈을 이용해 일본은 1875년 8월 운요호를 이끌고 인천 월미도 앞바다에 나타났습니다. 깜짝 놀란 초지진 포대가 불을 뿜으며 공격하자, 일본 함대도 이에 응수해 대포를 발사했습니다. 일본은 이 사건을 트집잡아 개항을 요구하며 포격을 퍼붓고, 상륙하여 방화와 약탈을 일삼았습니다.

마침내 조정은 일본의 기세에 꺾여 1876년 신헌이 일본 전권대사 구로다 기요타카를 만나 강화에서 조약을 맺었습니다. 이것을 '조일수호조규' 또는 '강화도 조약'이라고 합니다.

강화도 조약의 내용을 보면 조선이 자주국이라는 것과 양국의 사절 교환 및 부산 이외에 두 항구를 열 것 등 12개 조항으로 되어 있습니다.

개국 정책을 쓰기 시작한 우리 조정에서는 새로운 문물을 외국으로부터 받아들여 나라의 부강을 꾀하려 하였습니다. 고종 18년에 '신사유람단'을 조직하여 조준영, 박정양, 홍영식 등을 일본에 보내어 서양을 본뜬 그들의 문물 제도를 시찰케 하고, 한편으로는 김윤식을 영선사로 삼아 많은 청년을 데리고 청국 톈진에 건너가 신식 기계에 관한 지식을 배워 오게 하였습니다.

또 100여 명의 병정을 뽑아 별기군이라는 신식 부대를 편성하고 일본 장교를 초빙하여 훈련케 하는 동시에, 사관 생도라 하여 양반 자제 가운데에서 100여 명의 뛰어난 청년들을 뽑아 신식 군사 기술을 가르쳤습니다.

일본의 세력이 점점 조선에 밀려 들어오자, 그때까지 조선과 특수한 관계를 가졌던 청나라는 매우 불안을 느꼈습니다.

그리하여 청나라의 리훙장은 조선에 일본 세력만 들어오는 것은 매우 위험한 일이니 세계 열국과 국교를 맺어 세력을 비슷하게 받아들이는 것이 좋겠다고 우리 조정에 권하였습니다. 이로써 고종 19년(1882년)에 조선은 미국과 수교 통상 조약을 맺고, 뒤이어 영국, 독일, 러시아, 이탈리아, 프랑스 등과 차례로 국교를 맺음으로써 마침내 국제 무대에 나서게 되었습니다.

임오군란

민씨 정권은 정부 조직을 대폭 개편하고, 별기군이란 신식 군대를 만들어 현대식 훈련을 받도록 했습니다. 종전의 5군영을 없애고 무위영, 장어영 2영으로 축소하는 한편, 구식 군인에 대한 차별이 심하였습니다.

신식 군대 별기군의 모습

게다가 재정난으로 구식 군대의 월급은 13개월 동안이나 주지 못하였습니다. 개항 이후 쌀이 대량 일본으로 빠져 나갔기 때문입니다.

그러던 중 고종 19년 1882년 임오년 6월에 밀린 월급 중 한 달분이 지급되었습니다. 그러나 쌀의 대부분은 분배를 담당한 관리들이 빼돌리고, 모자라는 부분은 겨와 모래를 섞어 군인들에게 주었습니다. 이를 본 군인들은 화가 나서 담당 관리에게 항의하였습니다. 그러자 관리들은 상관인 민겸호에게 이를 보고하였는데 민겸호는 항의한 군인들을 체포, 포도청에 가둬 버렸습니다.

이 일로 더욱 화가 난 군인들은 무기고를 부수고 포도청에 갇힌 동지들을 구한 다음, 민태호 등 권세가의 집을 습격하였습니다. 그 틈에 별기군 교관 호리모토는 성난 군중의 손에 죽었습니다. 군인들과 이에 합세한 민중은 일본 공사관도 습격하였습니다. 일본 공사 하나부사는 인천으로 도망하여 영국 측량선을 타고 일본으로 돌아갔습니다.

흥분한 군인들이 궐내에 있는 민겸호 등을 죽이고 명성 황후까지 죽이려 하자, 명성 황후는 변장을 하고 궁을 빠져 나와 충주로 피난하였습니다.

이 임오군란으로 대원군은 고종의 부름을 받고 정권을 다시 잡게 되었습니다.

그러자 명성 황후는 톈진에 가 있는 김윤식에게 연락하여 청나라의 구원을 요청하였습니다. 청나라는 즉시 3천 명의 군사를 파견하여 대원군을 이 변란의 선동자라 하여 청나라로 끌고 가 4년간 감금시켰습니다.

한편, 일본으로 도망간 하나부사가 군함을 이끌고 인천에 건너와 변란에 대한 손해 배상을 요구하였습니다. 이리하여 조정에서는 이유원,

김홍집 등을 보내어 변란의 우두머리를 엄벌할 것과 배상금 50만 원 지불, 일본 공사관에 군사 주둔, 사신을 일본에 보내어 사과할 것 등 이른바 '제물포 조약'을 체결하였습니다.

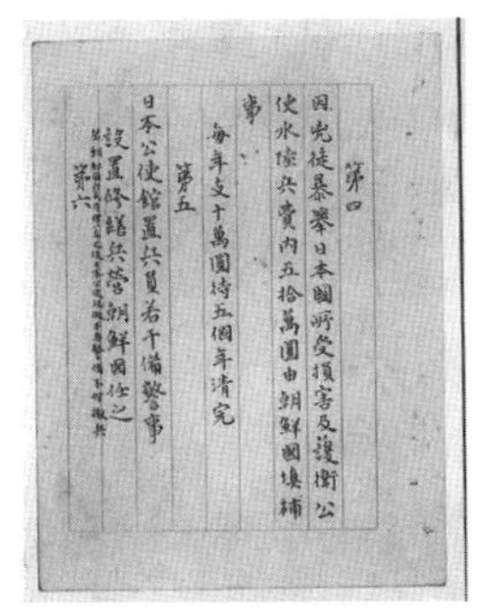

第四

因兇徒暴擧日本國所受損害及護衛公使水陸兵費內五拾萬圓由朝鮮國塡補事

每年支十萬圓待五個年淸完

第五

日本公使館置兵員若干備警事

設置修繕兵營朝鮮國任之

第六

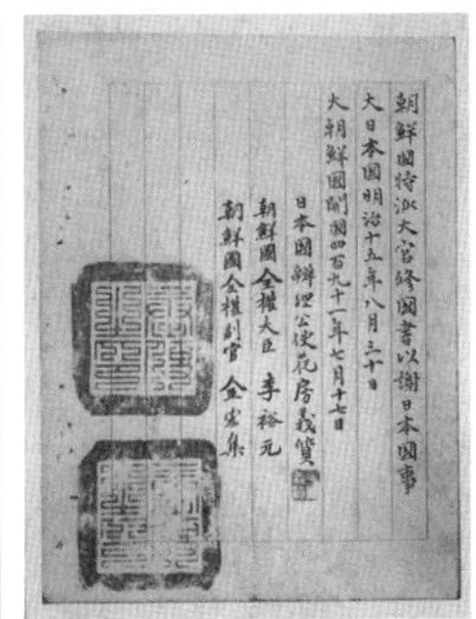

朝鮮國特派大官修國書以謝日本國事

大日本國明治十五年八月三十日

大朝鮮國開國四百九十一年七月十七日

日本國辨理公使花房義質

朝鮮國全權大臣 李裕元

朝鮮國全權副官 金宏集

제물포 조약 원본

갑신정변

고종은 수신사로 박영효, 김만식, 서광범, 김옥균, 홍영식, 서재필 등을 보냈습니다. 일본을 다녀온 이들을 '개화 독립당'이라고 합니다. 이들은 일본의 근대 문물을 보고 하루 빨리 근대화를 이루어야겠다 생각하고 의견을 모았습니다.

1884년 고종 21년 12월 우정국 개국 축하연회가 열리는 날, 김옥균, 박영효, 서광범은 수구파 세력인 민영익, 한규직, 이조연, 민태호, 민영목, 조영하, 유재현 등을 죽이고 궁중으로 달려가 고종을 꾀어 경운궁으로 옮겨 앉게 했습니다. 그리고 일본군을 궁중으로 끌어들여 호위케 하고 새로운 정부를 조직하였습니다.

갑신정변을 일으킨 김옥균

그러나 청나라가 이를 가만히 보고만 있지 않았습니다. 그 이튿날 위안 스카이가 거느리는 청나라 군대가 밀려 들어와 일본군을 궁중에서 몰아냈습니다.

분노한 민중들은 일본 공사관을 습격하여 불살랐습니다. 일본 사람들은 간신히 서울에서 도망가고 김옥균, 박영효, 서재필 등은 이 틈에 끼어 일본으로 도망하였습니다.

일본의 힘을 빌려 개혁을 하려던 '갑신정변'은 개화당의 '삼일 천하'로 몰락하고 말았습니다.

그러나 청나라와 일본의 군대는 여전히 주둔하며 대립하고 있어 어느 때 무슨 일이 또 일어날지 모르는 형편이었습니다.

이듬해 일본의 이토 히로부미는 청나라에 건너가 청나라 대표 리홍장과 톈진에서 담판하여, 청·일 두 나라는 4개월 이내로 조선에서 군대를 철수할 것과 앞으로 조선에 군대를 끌어들일 필요가 있을 때에는 미리 서로 통보하기로 했습니다. 이것이 이른바 '톈진 조약'입니다.

거문도 사건

러시아가 조선에 진출하려 하자, 이에 위협을 느낀 영국은 러시아의 세력 확장을 막으려고 하였습니다.

주한 러시아 공사 웨벨은 외교 솜씨가 뛰어나 왕의 사랑을 받아 궁중에 자주 출입하였습니다. 그러면서 궁중에 친러파가 생기어, 청나라의 내정 간섭에 대한 대항책으로 러시아의 힘을 빌리려고 갖가지 비밀 운동을 벌이고 있었습니다.

이때 아프가니스탄 전쟁 문제로 러시아와 사이가 좋지 못했던 영국은 러시아의 세력이 조선에 뻗치는 것을 보고 위협을 느껴, 마침내 고종 22년 을유년 1885년에 러시아 함대가 지나는 길목인 거문도를 점령하고 포대를 쌓으며 진을 쳤습니다. 러시아의 진출을 막기 위해 강경하게 나온 것입니다.

그러자 러시아는 불만을 품게 되었고, 조선도 여러 차례 영국군에게 항의하였습니다. 그 후 영국은 고종 24년, 러시아로부터 조선을 침략하지 않겠다는 약조를 받은 뒤 비로소 거문도에서 철수했습니다.

간도 영토권 시비

간도는 본래 고구려 및 발해의 옛땅으로, 발해가 망한 후에는 그 유민의 하나인 여진족이 터를 잡고 살았습니다. 이 후손들이 대청 제국을 건설한 후로는, 백두산 일대의 지역을 청나라의 발상지로 삼았습니다.

그러나 조선 사람들이 몰래 강을 건너 그곳에 사는 사람들이 많아졌습니다.

청나라는 이에 조선과의 경계를 분명히 하기 위하여 숙종 38년 1712

년에 길림 지방의 장관인 목극에게 백두산 정계비(경계를 정하는 비)를 세우게 하였습니다. 그러나 비석이 세워진 후에도 한족과 조선 사람들이 계속해서 몰래 들어가 살았습니다. 특히 근세 말기의 정치 부패, 농촌 사회의 궁핍함 등이 원인이 되어 함경도 지방에서 많이 들어갔습니다.

백두산 정계비

그러다 마침내 고종 20년 1883년에 청나라가 간도 영토 문제를 들고 나오자, 고종은 이윤충을 보내 백두산 정계비를 조사하도록 하여 경계가 분명히 토문강임을 확인하였습니다.

그러나 청나라에서는 비문 가운데 있는 '토문'이라는 말은 '두만'이라는 뜻이며, 간도는 청나라 땅이라 주장하였습니다. 하지만 이에 대해 조선은 토문은 글자 그대로 송화강 상류의 토문강을 말하므로 당연히 조선의 영토라고 해석하였습니다.

그 후 고종 22년 1885년에 이중하를 다시 보내 정계비를 조사하여 간도가 조선의 영토임을 확인하였으나, 청나라와는 결말을 보지 못하고 말았습니다.

울릉도 시비

울릉도는 신라 지증왕 13년

512년에 우산국으로 신라에 귀속된 이후, 고려 현종 때에 동북 여진족의 침입을 자주 받아 주민들이 모두 본토로 피난을 해 와 무인도가 되었습니다.

울릉도는 황죽(대나무의 일종), 향나무, 주토 등 자연 자원이 많고, 무엇보다도 어업 조건이 좋았습니다.

그런데 대마도와 울릉도에 가까이 사는 일본 사람 가운데에는 이러한 이익이 있음을 발견하고 수시로 울릉도에 드나들며 고기를 잡아가고 대나무, 향나무 등을 베어 가는 사람도 있었습니다. 그리고 마음대로 울릉도를 '죽도'라 하고, 독도를 '송도'라고 하였습니다.

고종 18년 1881년에 울릉도 수토관(지금의 산림관)이 순찰 중에 일본인들이 벌채해 가는 것을 발견하고 이 사실을 조정에 보고했습니다. 조정에서는 곧 일본에 항의문을 보내 남의 영토를 침범하지 말라고 경고하였습니다.

이듬해 조정에서는 다시 일본에 항의하고, 울릉도 이민을 권장하였습니다. 그리하여 곳곳에서 이주자가 모여들어 살게 되고, 따라서 관청도 서게 되었습니다.

동학 농민 운동

고종 31년 갑오년 정월, 전라도 고부군에서 민중의 반란이 일어났습니다.

고부 군수 조병갑은 부임한 이래로 군민에게 갖가지 노동을 시키고 불법으로 세금을 거두어 착복하는 등 학정을 일삼았습니다.

처음에는 군민들이 군수 조병갑의 지나친 욕심과 군민에 대한 학정에 대해서 자제를 요구하며 여러 차례 진정서를 냈으나, 조병갑은 조금도 반성함이 없이 도리어 진정서를 낸 사람을 붙잡아 가두어 못살게 하였습니다.

결국 참다 못한 군민들은 마침내 동학교도 전봉준을 선두로 하여 고부 관청을 습격하고 곡물 창고를 부수어 곡식을 나눠 가졌습니다.

그러자 군수 조병갑은 도망가고, 조정에서는 즉시 장흥 부사 이용태를 고부에 보내 실정을 조사하도록 하였습니다. 그런데 그는 난을 일으킨 사람은 모두 동학교도들이라고 규정하고 그들의 집을 불지르고, 또 그 식구까지 잡아 죽이는 등 더욱 백성들의 불만을 자극했습니다.

그리하여 마침내 전봉준, 김개남, 손화중 등의 동학교도를 중심으로 한 변란이 다시 일어나게 되었습니다.

전봉준 등은 곳곳에 통고문을 보내고 민중에게 전단을 뿌려 썩은 관리들을 몰아내자고 부르짖었습니다.

동학 농민군의 지도자 전봉준

전부터 억눌려 오던 곳곳의 교도들, 특히 전라, 충청도의 교보들은 일시에 호응하여 궐기하였습니다. 뿐만 아니라 특권 계급의 착취와 탄압에 신음하던 농민들도 합류하였습니다.

당황한 조정에서는 홍계훈을 토벌 사령관으로 관군을 바닷길로 내려

보내 전북 군산에 상륙하게 하고, 전주에서도 관군을 파견하여 고부의 동학군을 토벌케 하였습니다.

이때 전봉준은 이미 고부의 무기 창고를 습격해서 무기를 빼앗아 군중을 이끌고 태인, 금구를 거쳐 전주로 향하고 있었습니다. 그러다 도중에서 전주의 관군이 쳐들어온다는 소식을 듣고 다시 고부로 돌아와 훈토 고개에서 일차로 관군과 맞붙어 대승리를 거두었습니다. 그리고 장성 황룡장에서도 관군을 만나 싸워 물리치고, 대포 2개와 약간의 탄환을 빼앗았습니다.

이에 기세가 오른 동학군은 정읍, 태인, 금구를 거쳐 4월 27일에는 전라도 중심인 전주를 점령하였습니다.

한편, 관군 대장 홍계훈은 장성에서 패하였으나, 곧 전봉준의 뒤를 쫓아 다음날 4월 28일에 전주 남산에 다다랐습니다. 그리고 몇 날 동안 관군은 맹렬한 공격을 가하였습니다.

그런 상황에서 조정은 청나라에 구원병을 요청하였습니다. 청나라 군대가 아산만에 상륙하자, 톈진 조약에 따라 일본도 조선에 군대를 파견했습니다.

그리하여 관군의 기습 공격을 받은 동학군은 논산으로, 전주로 후퇴하다가 자진 해산하고, 다시 일어날 기회를 엿보았습니다.

체포되어 한성부로 압송되는 전봉준

그러나 전봉준은 순창에서 상금에 눈이 먼 동지의 배신으로 붙잡히

고 말았습니다.

청·일의 충돌과 갑오개혁

청나라 장군 엽지초는 아산만에 상륙하자 동학군의 정세를 살피고자 일부를 전주 방면으로 파견하였습니다. 그러나 동학군이 이미 전주에서 해산했으므로, 청나라 군대는 공주로 갔다가 그 후 모두 아산으로 돌아왔습니다.

한편, 일본군은 서울, 인천 간의 중요 지대에 자리잡고 쉽사리 물러갈 눈치를 보이지 않았습니다.

이때 조정은 청·일 양국에 대하여 전주가 정부군에 의하여 이미 진압되었으므로 이제 물러가 달라고 요구하였으나 그들은 들은 체도 하지 않았습니다.

뿐만 아니라 동학란의 원인이 조선 조정의 잘못이라 하여, 일본은 일본 공사 오오토리를 통하여 조선에 개혁안을 제출하고, 동시에 청나라에 대해서도 청·일 두 나라가 협력하여 조선의 낡은 제도를 고쳐 주자고 제안하였습니다.

이에 조정은 일본의 간섭에 심한 불만을 표시했고, 청나라도 일본의 철수를 요구하였습니다.

이 해 6월 23일 청나라 군함과 일본 군함은 마침내 수원 풍도 근처에서 충돌하였습니다. 그리고 결국 일본은 청나라를 꺾고 뤼순, 타이완을 점령하였습니다. 마침내 두 나라는 '시모노세키 조약'을 맺었습니다. 일본은 랴오뚱 반도와 타이완, 평후섬을 요구했고, 조선에서 일본의 우위를 주장했습니다.

그 후 일본은 우리 조정에 제도 개혁을 요구하며, 군대를 이끌고 대궐에 들어가 명성 황후 세력을 몰아냈습니다. 그리고 청나라에 잡혀갔다 돌아온 대원군을 앞세워 친일 내각을 구성했습니다.

김홍집

1894년 7월 마침내 개화파 김홍집을 수반으로 한 새로운 정부가 조직되었습니다. 친일 내각은 군국 기무처라는 관청을 두고

3개월 동안 각 방면에 걸친 208건의 개혁안을 심의하여 의결했습니다.

군국 기무처

개편된 중앙 관제는 궁중과 정부를 나누어 2부 8아문을 두었고, 관리는 다달이 월급을 받았습니다. 지방 관제는 8도를 23부로 고치고, 지방의 사법권과 군사권을 거두었습니다.

또 과거 제도를 폐지하고 새 관리 등용법을 시행했습니다. 중국 연호도 없애고 독자적인 기원을 쓰도록 하였습니다.

그리고 세금을 돈으로 내게 하는 조세 제도를 썼으며, 도량형을 개정 통일했습니다.

천민 신분도 없앴습니다. 사람을 팔고 사는 인신 매매도 금지되었습니다. 또한 조혼(일찍 결혼함)을 금하고, 과부도 다시 시집을 갈 수 있는 재혼을 허용했습니다. 뿐만 아니라 고문을 하거나 연좌법 등 나쁜 풍습을 금지하였으며, 의복도 간소하게 입도록 하였습니다.

갑오개혁 당시의 한성부 청사와 관리들

이것이 갑오년에 일어난 '갑오개혁'입니다.

그러나 대원군은 일본의 속셈을 알고, 개혁을 반대하며 청나라군과 연결하여 일본군을 쫓아내려다가 사전에 탄로가 나서 물러나고 말았습니다.

일본에 망명했다가 돌아온 박영효와 서광범 등을 중심으로 '제2차 김홍집 내각'이 조직되어 개혁을 계속했습니다.

'제2차 김홍집 내각'을 구성한 일본은, 고종 황제로 하여금 '홍조 14조'를 반포토록 하여 개혁은 빠른 속도로 진행되었습니다.

1894년 12월, 갑오개혁 정치의 핵심이며 최초의 헌법과도 같은 '홍범 14조'를 고종 황제가 온 백성에게 선포했습니다.

을미사변과 새 제도

청·일 전쟁으로 랴오뚱 반도를 차지한 일본은 만주로 세력을 뻗칠 기반을 다져 놓았습니다.

그러자 조선과 만주를 탐내던 러시아가 일본과 대립하게 되고, 프랑스와 독일도 일본에게 랴오뚱 반도를 되돌려 주라고 요구하였습니다. 3국의 간섭에 맞설 힘이 없는 일본은 결국 청나라에게 랴오뚱 반도를 되돌려 주었습니다.

이러한 때 일본 공사 미우라 고로가 새로 임명되어 왔습니다.

미우라 고로는 일본의 세력이 조선에서 위축된 데 분개하여 또다시 대원군을 내세워, 고종 32년 을미년 8월 20일 새벽 경복궁을 습격했습니다. 그리고는 내시와 궁녀들을 닥치는 대로 죽이고, 치밀한 계획 아래 명성 황후를 시해하였습니다.

이날 명성 황후는 일본 사람의 손에 참혹하게 살해되었습니다. 이것이 '을미사변'입니다.

명성 황후가 시해된 옥호루

이후 김홍집 내각은 갑오개혁 이후에 중단되었던 개혁을 다시 강행하였습니다. 그리하여 양력을 쓰고 종두법을 시행하였으며, 우편 제도를 실시하고 건양이라는 연호를 쓰며 단발령을 내렸습니다.

명성 황후 시해와 단발령은 민심을 크게 흔들어 놓아 여러 곳에서 의병이 일어났습니다.

러시아는 이때를 놓치지 않고, 이범진, 이완용, 이윤용을 부추겨 세력을 찾으려 했습니다. 러시아 해군 100명을 인천에서 서울로 불러들인 다음, 1896년 2월에 왕과 왕세자를 아관(러시아 공사관)으로 모시어 이른바 '아관파천'을 감행하였습니다.

이와 동시에 친러파는 경관을 경복궁에 파견하여 수상 김홍집, 상공 대신 정병하를 살해하였습니다. 그러자 유길준, 조의연, 장박을 위시하여 권형진, 이두황, 우범선, 이범래, 이진호 등이 일본으로 망명함으로써 친일 내각은 무너졌습니다.

주한 러시아 공사관 유적

아관파천 후 친러파에 의하여 조직된

조정은 박정양을 내무 대신 겸 수상 대리로 하고, 이완용, 이윤용, 윤용선, 이범진 등을 각부 대신으로 앉혔습니다.

그리고 러시아 공사는 조정을 위협하여 갖가지 조선 내 이권을 주장하였습니다. 압록강 연안 및 울릉도의 산림을 벌채해 가고, 군대 훈련, 나라 예산도 간섭하며 나섰습니다.

이완용

그러자 이때부터 일본, 미국, 프랑스, 영국, 독일 등도 조선 내 이권 획득에 열중하여 광산이나 철도, 혹은 전차의 부설권을 얻으려고 하였습니다.

고종은 1년 만에 거처를 아관에서 경운궁(지금의 덕수궁)으로 옮기고, 8월에 연호를 광무로, 국호를 대한이라 하였습니다. 그리고 23부를 13도로 고쳤으며, 10월에는 황제 즉위식을 거행하였습니다.

10장

대한 제국

고조선
고구려
백제
신라
통일 신라
발해
후삼국
고려
조선
대한 제국
근현대

러·일 충돌

러시아는 청·일 전쟁에서 일본이 얻게 된 랴오뚱 반도를 프랑스, 독일과 간섭하여 청나라로 돌려주게 한 후, 그 대가로 1896년 러시아 황제 대관식에 온 청나라의 리훙장과 군사 비밀 조약을 맺었습니다.

이 조약의 내용을 보면 일본을 공동의 적으로 삼는 동시에, 러시아와 일본이 싸움을 시작할 때는, 청나라는 육군과 해군으로 러시아를 원조하고, 모든 항구와 영해 사용을 허락할 것과 또 시베리아 철도가 만주를 통하여 블라디보스토크에 닿는 직통선을 놓아 군대, 식량 수송의 편리를 얻도록 할 것 등이었습니다.

한편, 그 해에 청나라에서는 '의화단의 난'이 일어나 많은 외국인을 배척하고 죽였습니다. 그러자 외국인을 보호한다는 이유로 러시아는 다른 나라들과 연합하여 북경에 군대를 보내고, 한편으로는 철도 보호 명목으로 대군을 만주에 보내어 주둔케 하였습니다.

그 후 마침내 난이 평정되어 각 나라가 모두 군대를 철수시켰으나, 러시아만은 이에 응하지 않고 도리어 뤼순의 방위를 엄격히 하고 군함을 늘렸습니다. 또 총독부를 두어 극동의 외교, 행정, 군사를 맡게 하였습니다.

이처럼 러시아가 급격히 팽창하자, 영국은 일본과 동맹을 맺음으로써 러시아를 견제했습니다. 두 나라 간 동맹의 내용을 보면 다음과 같

습니다.

> "영국은 청국에 대해, 일본은 한·청 양국에 대해 각기 특수한 이익을 갖고 있으므로 타국의 침해가 있을 때에는 필요한 조치를 취한다."

이로 인하여 일본은 대한 제국에서의 특별한 이익을 보장받게 되었습니다.

한편, 러시아는 다른 나라의 항의와 일·영 동맹에 불안을 느껴 일본, 청나라에서 군대를 철수하겠다고 약속하였습니다.

그러나 1903년 그 약속을 이행하지 않았으며, 대한 제국에 압록강 연안의 산림 벌채권의 실행을 통고하고, 또 얼마 안 있어 용암포의 광대한 토지와 집을 사고 그곳을 빌려 줄 것을 요구해 왔습니다.

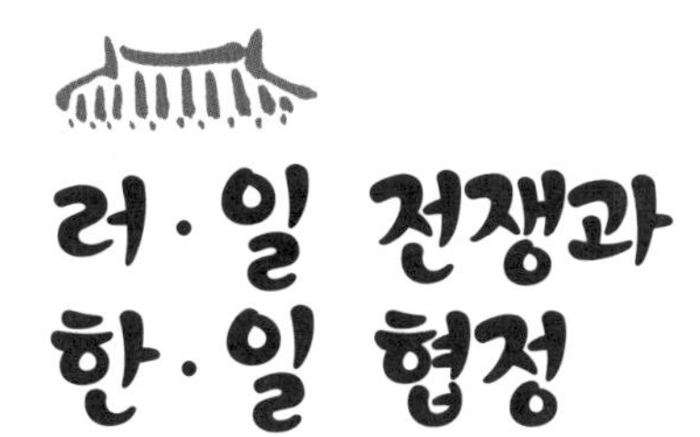

러시아의 대한 제국에 대한 압력은 일본에게 큰 불안감을 안겨 주었습니다. 일본은 대한 제국에서 무역의 큰 이익을 얻고 있었으며, 철도를 건설하여 대륙 진출의 디딤돌로 삼으려고 하였습니다. 그런데 '용암포 사건'이 발생하자, 일본의 신경은 더욱 날카로워졌습니다.

그러는 가운데 두 나라는 여러 번 회담을 거듭하였으나 서로의 고집으로 인해 결국 해결을 못 보고 마침내 전쟁으로 치닫게 되었습니다. 광무 8년 2월, 1904년의 일이었습니다.

러시아와 일본의 대결이 급박해지자 대한 제국의 조정은 미리 중립을 선언하였으나, 전쟁이 시작되면서 일본군이 몰려들어와 많은 땅을 군용지로 점령하였습니다.

그리고 그러는 한편, 일본은 '한 · 일 의정서'를 만들어 우리나라의 독립과 영토의 보증, 시설 개선의 권고 등 여러 조건을 약속하면서 동시에 우리나라와 러시아 사이에 맺은 조약을 모두 무효로 만들어 버렸습니다.

일본은 차차 우리나라의 재정과 외교 등을 간섭하고 나섰습니다.

러시아와 일본의 전쟁은 뤼순이 함락됨으로써 일본의 승리로 돌아갔습니다.

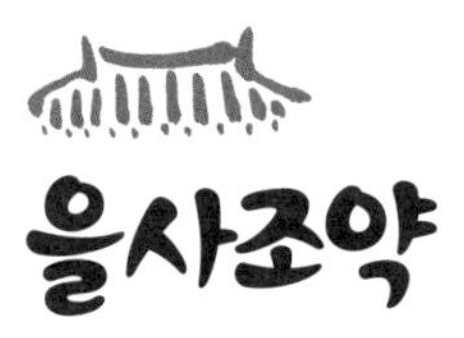

을사조약

1905년 9월 5일, 일본과 러시아 사이에 강화 조약이 체결되었습니다. 이로써 일본은 우리나라에서 정치, 군사, 경제 부분에서 월등한 권익과 지위를 얻게 되었습니다.

헤이그 밀사(이준, 이상설, 이위종)

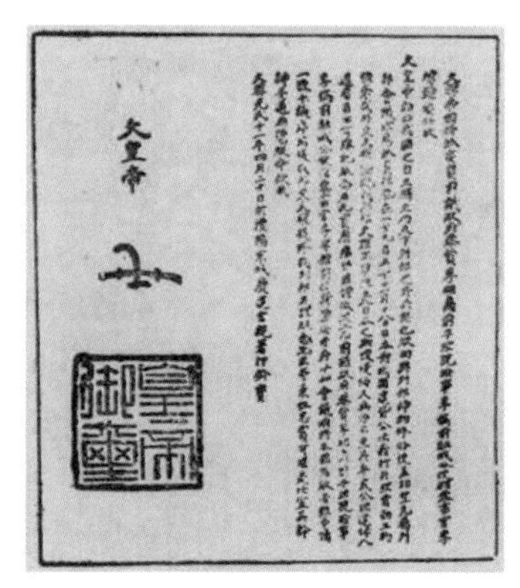

大皇帝

皇帝御璽

고종 황제의 신임장

한반도 보호국이라는 것을 국제적으로 승인받게 된 것입니다.

그로부터 두 달 후인 1905년 11월 17일, 이토 히로부미는 일본 헌병의 포위하에 내각 회의를 열게 하여 보호 조약을 강제로 체결시켰습니다. 우리나라의 중요한 외교권을 박탈한 것입니다.

그 후 고종은 1907년 네덜란드 헤이그에서 열리는 만국 평화 회의에 3명의 밀사를 보내 일본의 침략상과 을사 조약의 부당성을 전 세계에 알리려 하였으나 일본의 방해로 밀사들은 끝내 회의에 참석하지 못했습니다.

그런데 이 헤이그 밀사 사건을 구실삼아 일본은 1907년 7월 20일 고종 황제를 폐위시키고, 24일 '정미 7조약'을 맺어 내정 감독권마저 빼앗았습니다.

퇴위 즈음의 고종

애국 계몽 운동

을사 보호조약 체결 후, 민족의 위기를 극복하려면 실력을 길러야 한다는 주장 아래 활발한 계몽 운동이 펼쳐졌습니다. 이 운동은 갑신정변을 일으킨 개화파와 독립 협회의 맥을 잇는 지식인을 중심으로 이루어졌습니다.

정치 단체로는 독립 협회, 공진회, 헌법 연구회, 대한 자강회, 인민 대의원회 등이 다투어 생기고, 교육 문화 단체로 국민 교육회, 국문 연구회, 대동 학회, 흥사단, 청년회, 진명 부인회 및 지방 이름을 붙인 서북 학회(평양·황해·함경), 기호 학회(경기·충청), 호남 학회(전라), 교남 학회(경상), 관동 학회(강원) 등 여러 학회가 생겨 민중의 계몽 운동에 많은 공헌을 하였습니다.

뿐만 아니라 갑오개혁 이후 천주교는 물론이고 신교도 전도의 자유를 얻게 되었습니다. 따라서 신교의 자유주의 사상은 우리 국민 문화와 독립 사상에 큰 영향을 주었습니다.

불교도 차차 활기를 띠어 천도교, 시천교 외에 단군을 받드는 대종교가 일어났습니다.

또한 신 교육령에 의하여 각 공립 소학교(뒷날 보통 학교)와 관립 한성 사립 학교, 중학교가 차례로 생겼으며, 사립 학교는 앞서 선교사들이 세운 배재 학당과 이화 학당이 가장 오래되었지만, 민중의 각성과 민간 교육열이 높아감에 따라 곳곳에서 사립 학교가 일어났습니다. 광

뎨일권 독닙신문 뎨일호

조선 셔울 건양 원년 사월 초칠일 금요일

광고

독립신문

서재필

무 9년에 보성 소학, 보성 중학, 보성 전문 및 양정, 휘문 등의 남자 학교와 진명, 숙명의 두 여학교 등이 설립되었습니다.

언론 기관으로는 건양 원년(1898년)에 서재필이 창간한 〈독립신문〉이 처음으로 발행되었습니다. 그리고 그 뒤를 이어 〈황성신문〉, 〈국제신문〉, 〈만세보〉 등이 나와 한국의 독립을 강조하고 일본의 정책을 비판하였으며, 그 후 〈대한매일신보〉도 발간되어 독립 사상을 북돋워 주었습니다.

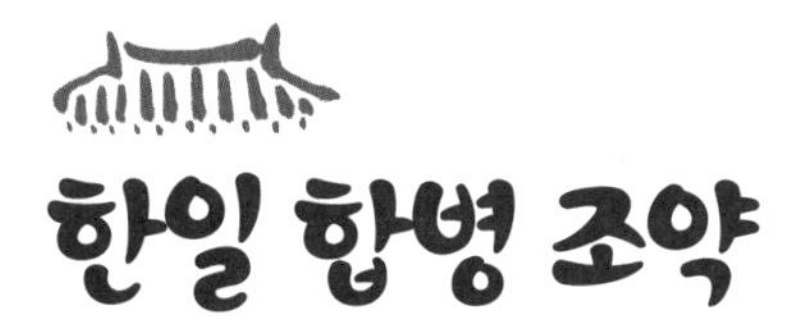

한일 합병 조약

1909년 10월 26일, 이토 히로부미는 합병에 대한 러시아의 양해를 미리 구하기 위해 러시아 대신 코코프체프와 만나 비밀 회담을 가졌습니다.

그리고 마침내 회담을 마치고 플랫폼에 내린 이토는 코코프체프의 안내로 역내에 늘어선 러시아 군대를 사열하고 각국 영사단과 악수한 후 일본인 환영단 쪽으로 향하였습니다.

안중근 의사

그런데 바로 그 순간, 의장대 쪽에서 한 청년이 나타나 이토의 앞을 가로막았습니다. 그리고 곧이어 청년의 손에서 권총이 불을 뿜었습니다. 3발은 이토의 가슴과 배에 명중하고, 또다른 3발은 수행하던 비서관, 영사, 만주 철도 총재를 쓰러뜨렸습니다. 그 청년은 바로 안중근이었습니다.

안중근은 황해도 해주에서 진사 안태훈의 장남으로 태어나 어려서는 유학을 공부하고, 16살 무렵에는 서양 문물을 배워 개화 청년이 되었으며 천주교 신자였습니다. 세례명은 도마, 아명은 안응칠입니다.

애국 계몽 운동에 적극 뛰어들었던 그는 1907년 정미 7조약으로 일본이 내정 감독권을 쥐자, 무장 투쟁 외에는 구국의 방법이 없다고 생각했습니다. 그 후 만주를 거쳐 블라디보스토크에 자리잡은 그는 의병부대의 참모장이 되었습니다. 1909년 1월 안중근은 12명의 동지들과 단지 동맹을 맺었습니다. 독립 항쟁에 목숨을 바치기로 맹세하고 모두 왼쪽 손의 무명지를 자른 것입니다.

그 무렵 일본은 러시아에 압력을 넣어 연해주 내의 조선인 독립운동을 막았습니다. 안중근은 재기의 기회를 기다렸습니다. 그때 이토가 만

주에 온다는 소식을 들은 것입니다.

마침내 안중근의 거사는 성공했고, 안중근은 체포되었습니다. 그리고 투옥되어 이듬해 1910년 3월 26일 교수대의 이슬로 사라졌습니다.

일본은 한반도를 식민지로 만들려는 계획을 치밀하게 추진했습니다. 을사보호조약으로 외교권을, 정미 7조약으로 내정 감독권을 빼앗고, 이제 남은 것은 합병 조약을 맺는 것뿐이었습니다. 곳곳에서 합병 반대 투서와 데모가 끊이지 않았습니다.

1910년 7월 23일 신임 통감 데라우치와 총리 대신 이완용은 한일 합병에 관한 협의를 시작했습니다. 그러면서 영국에 합병에 대한 양해를 구하고, 러시아에는 시베리아 거주 한인들의 합병 반대 폭동을 막아 달라고 요청했습니다.

또한 언론 기관을 탄압하여 〈대한민보〉의 발행을 정지시키고, 이어 〈대한매일신보〉의 발매를 금지시켰습니다.

8월 16일, 데라우치 통감은 이완용에게 합병 조약안을 내밀고 수락을 독촉했습니다. 22일에 어전 회의가 열렸고, 이완용은 그날 합병을 체결했습니다. 1주일 후 순종 황제는 합병 조약을 발표했습니다.

일본은 대한 제국을 조선이라 바꾸고, 조선 총독부를 두어 초대 총독에 데라우치를 앉혔습니다.

일본의 식민지 지배는, 1945년 8월 15일 제2차 세계 대전에서 패한 일본이 무조건 항복을 선언하고 우리나라가 해방될 때까지 35년간 이어졌습니다.

일본의 식민 정책

1912년 일제는 '토지 조사령'이라는 새 법령을 발표했습니다. 그리고 이 토지 조사령에 따라 토지 조사 사업이 곧 전국적으로 시작되어 1918년 11월까지 계속되었습니다.

토지 조사 사업은 일본 제국주의가 조선의 사회경제 구조를 식민 통치에 적합하게 개편하기 위한 기초 작업이었습니다.

그리고 1908년에 세워진 동양 척식 주식회사가 토지 약탈의 주도적 역할을 담당했습니다. 동양 척식 주식회사는 대한 제국 정부의 소유지를 빼앗고, 단번에 최대 지주의 자리에 올랐습니다. 토지 조사 결과, 정부 공유지라며 대대로 농사 짓고 살아온 농민의 땅을 약탈해 갔습니다. 농민들은 하루아침에 땅을 잃고 거리에 나앉는 신세가 되었습니다.

반면, 일본인 지주의 숫자와 그들이 소유한 토지 규모는 급격히 늘

동양 척식 주식회사 건물

어 갔습니다.

복잡하고 까다로운 양식 때문에 농민들이 가까스로 신고를 해도 '소속 미비', '증거 불명'으로 처리되어 소유권을 잃는 경우도 많았습니다.

신고되지 않은 각종 토지는 모두 총독부 관할로 넘어갔고, 이렇게 넘어간 토지 중에서 상당 부분이 동양척식 회사, 후지 흥업 같은 일본인 토지 회사, 일본인 지주, 일본인 이민자들에게 무상 혹은 아주 싼 값으로 넘어갔습니다.

토지 조사 사업은 일제의 선전처럼 봉건적인 토지 소유 관계를 근대적으로 개혁한 것이 아니라, 도리어 봉건적 지주 소작 제도를 법으로 인정한 것으로 지주에게 더욱 유리하게 만들었습니다. 일본인 지주를 맨 꼭대기에 두고 그 밑에 일제에 협조하는 조선인 친일 지주, 가장 밑바닥에는 경작권마저 빼앗긴 수많은 소작농이 부쳐먹는 땅을 잃지 않기 위해 아등바등했습니다. 그나마 소작도 얻지 못한 농민들은 고향을 떠나 산으로 들어가 화전을 일구기도 하고, 도시로 가서 품팔이 노동자가 되거나 거지가 되었습니다.

또한 일제는 1918년 임야 조사령을 내려, 이번엔 전국의 임야 조사에 나섰습니다. 전통적으로 민중의 공동 이용지였던 임야는 '국유림'이 되어 총독부 관할하에 들어갔습니다.

그에 앞서 이미 일제는 1908년 1월 삼림법을 발표하여 '기한 내에 제출하지 않는 것은 국유로 간주' 한다면서 임야 소유자에게 증빙 서류를 제출하도록 하였습니다. 산림에서 민중은 땔감과 목재, 비료 그리고 갖가지 음식물을 얻었는데, 일제는 그것마저 국유림이라 하여 제한

하였습니다.

일제는 행정력과 경찰력을 총동원해서 이 같은 정책을 강압적으로 추진했습니다.

3·1 운동

1919년 기미년 3월 1일 정오 무렵, 탑골공원이 있는 서울 종로거리는 수만 명의 군중으로 가득했습니다.

그러나 기다리던 민족 대표들이 끝내 나타나지 않자, 학생 한 사람이 단상 위에 뛰어올라 〈독립선언서〉를 낭독했습니다.

"우리는 이에 조선의 독립국임과 조선인의 자유민임을 선언하노라. 이로써 세계만방에 고하여 인류평등의 대의를 밝히며, 이로써 자손만대에 고하여 민족자존의 정권을 영원히 갖게 하노라……."

"대한 독립 만세! 대한 독립 만세!"

학생들이 광복가를 부르며 앞서고, 사람들이 그 뒤를 따라 행진을 시작했습니다.

3·1 만세 운동은 순식간에 전국으로 퍼져 나갔습니다. 처음에는 학생과 지식인들이 앞장을 섰지만, 차츰 농민, 노동자, 상인들이 중심에 나섰습니다.

그리고 또 처음에는 만세를 외치며 행진만 하던 사람들이 농기구나

종로의 만세 운동

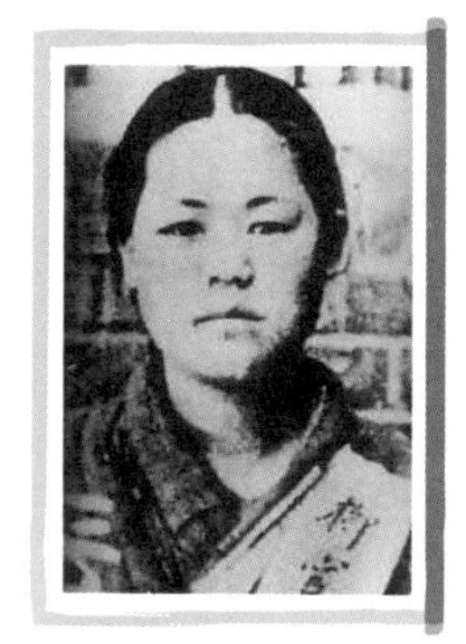
유관순 열사

간단한 무기를 들고 면사무소, 헌병 분견소, 경찰서, 토지 회사, 친일 지주 등을 습격하고 세금 대장과 호적부를 불태웠습니다. 상인들은 가게문을 닫았고, 노동자들은 동맹 파업을 했으며, 기생과 백정의 부인들까지 시위를 벌였습니다.

그러자 일제는 총칼을 들이대며 무차별 발포하고 닥치는 대로 시위 군중을 죽였습니다. 3, 4월 두 달간 사망자 7,500여 명, 부상자 16,000여 명, 체포 46,000여 명, 그리고 49개의 교회와 학교, 715호의 민가가 불에 탔습니다.

일제의 가혹한 탄압 때문에 3·1 운동은 4월 중순 이후 점차 가라앉기 시작했습니다. 하지만 운동의 열기는 그대로 남아 이듬해까지 끊이지 않고 곳곳에서 시위가 일어났습니다.

3·1 운동은 민중의 민족의식과 계급의식이 성장하는 토대가 되었으며, 항일 무장 투쟁의 필요성을 일깨워 주었습니다.

봉오동 전투, 청산리 전투

1920년

5월 홍범도가 이끄는 독립군 부대와 최진동이 이끄는 간도 국민회 소속 부대, 안무가 이끄는 부대, 신민단 등 만주 지방에서 활약하는 독립군 부대들이 왕청현 봉오동에 집결했습니다.

봉오동은 산을 가운데 두고 좌우 골짜기에 마을이 자리 잡고 있었습니다. 홍범도를 총사령관으로 하는 독립군 연합 부대는 산마루에 진을 치고 주변 마을에 정찰대를 파견하여 일본군의 움직임을 살폈습니다.

홍범도 장군

6월 7일 새벽, 일본군이 봉오동 어귀에 들어섰습니다. 곧이어 치열한 전투가 벌어졌습니다. 그런데 오후 무렵, 소나기가 쏟아지기 시작했습니다. 골짜기와 산기슭에 안개가 자욱이 서려 한치 앞도 보이지 않았습니다. 일본군은 그 틈을 타 독립군이 있는 고지를 향해 기어오르기 시작했습니다. 홍범도는 서둘러 북쪽을 향해 퇴각하되 될 수 있는 대로 높은 산봉우리로 오르라고 명령했습니다.

소나기는 더욱 거세졌습니다. 그 사이 독립군은 고지를 빠져나가고, 동북쪽에서 올라온 일본군 부대가 독립군이 있던 산등성이에 올라섰습니다. 그러자 안개 속에서 서남쪽 산기슭에 있던 일본군은 이들을 독립군으로 알고 사격을 퍼부었습니다. 산등성이의 일본군도 맞받아 사격을 해댔습니다.

날이 개자, 홍범도는 공격 명령을 내렸습니다. 독립군의 총이 일제히 불을 뿜었습니다. 지휘자를 잃은 일본군은 허둥지둥 도망치기에 바빴습니다. 전투는 독립군의 대승리로 끝났습니다.

일본군은 이 전투로 600여 명의 전사자를 냈습

니다. 700여 명에 불과한 독립군이 몇 배가 넘는 일본군을 맞아 승리를 거둔 것입니다. 이것이 항일 무장 투쟁 사상 가장 빛나는 '봉오동 전투'입니다.

김좌진 장군

봉오동 전투 후 홍범도 부대는 아직 만주에 남아 있는 북로군정서 부대를 찾아 화룡현 청산리로 향했습니다.

북로군정서는 당시 만주 최고의 병력과 무장력을 자랑하는 부대로, 총재 서일, 총사령관 김좌진, 김규식이 이끄는 보병대가 450명, 이범석이 이끄는 사관생도가 150명, 기타 약 100명, 총 700여 명의 병사들이 있었습니다.

일제는 10월 초 독립군 소탕을 위해 간도로 밀고 들어갔습니다. 양측은 청산리에서 마주쳤습니다. 홍범도, 김좌진, 이범석은 이 전투에서도 큰 성과를 올렸습니다.

이봉창 · 윤봉길 의거

1932년 4월 29일, 일본 천황 히로히토의 생일 기념식이 있었습니다. 축하 행사가 열리는 상해 홍구공원 주변은 군인들이 삼엄한 경비를 서고 있었습니다.

한인 애국 단원 윤봉길은 코트를 말쑥하게 차려입고 양손에 도시락

과 물통, 일장기를 들고 자연스럽게 식장 안으로 들어갔습니다.

식이 시작되자, 윤봉길은 중앙 사열대로 가까이 다가갔습니다. 일본 국가가 연주될 때 윤봉길은 사열대를 향해 갖고 있던 도시락을 힘껏 던졌습니다. 도시락 속의 폭탄이 터지면서 식장은 순식간에 아수라장이 되었습니다.

윤봉길 의사

그리고 잠시 후, 윤봉길이 또다른 폭탄이 든 물통을 집어든 순간, 경찰이 그를 덮쳤습니다.

이봉창 의사

이 거사로 일본 거류민 단장 가와바타 사다쓰구는 그날 밤을 넘기지 못했으며, 상해 파견군 사령관은 병원으로 실려가 12차례 복부수술을 받았지만 20일 만에 죽고, 일본 공사 시게미스는 한쪽 다리를 잘랐습니다. 그 밖에 제3함대 사령관 노무라 요시사부로 중장은 실명했으며, 제9사단장 우에다 갠키치, 상해총영사 무라이 구라마쓰, 거류민단 서기장 가다노 등은 중상을 입었습니다.

윤봉길은 1908년 충남 예산군 덕산면 시량리에서 태어났습니다. 3·1 운동을 겪은 그는 식민지 노예 교육을 받지 않겠다면서 보통 학교를 중퇴하고 한학을 공부했습니다. 그리고 19살 때 독학으로 국사와 신학문을 공부하고, 야학을 만들어 교육 계몽에 힘썼습니다.

상해의 대한민국 임시 정부 자취

대한민국 임시 정부 요인들

1930년 23살의 나이로 집을 떠난 그는 중국 상해로 가 공장 노동자, 야채상을 전전하다가, 1932년 4월 26일 김구의 애국단에 가입, 사흘 후 홍구공원 의거를 성공시켰던 것입니다.

체포된 윤봉길은 그해 5월 25일 상해파견군 군법회의에서 살인, 상해, 폭발물위반 죄목으로 사형을 선고받았습니다.

그리고 그해 12월 19일 오전 11시 40분 총살당했습니다. 그는 25살의 꽃다운 젊음을 조국에 바쳤습니다.

한인 애국단의 첫 번째 활동은 1932년 1월 8일 일본에서 있은 일왕 저격 의거였습니다.

이봉창은 사쿠라다몬 앞에서 관병식을 마치고 돌아오는 히로히토의 마차에 폭탄을 던졌습니다. 그러나 마차가 부서지고 근위병만 다쳤을 뿐 의거는 실패로 돌아갔습니다. 이봉창도 1932년 10월 10일 아침, 도쿄 이치다 형무소에서 사형당했습니다.

윤봉길, 이봉창의 죽음은 침체되어 있던 임시 정부에 활기를 불어넣어 주는 계기가 되었습니다.

8·15 해방

1945년의 한여름, 미국은 일본에 두 차례 원자폭탄을 떨어뜨렸습니다. 그리고 8월 15일 정오, 드디어 일본 천왕 히로히토가 무조건 항복을 발표했습니다.

이로써 6년간에 걸친 제2차 세계 대전이 막을 내리고, 그와 함께 일본의 식민 통치는 끝이 났습니다.

항복 문서에 서명하는 일본

그동안 수많은 항일 운동가들이 국내에서 국외에서 조국 독립과 민족 해방을 위해 목숨을 바치더니 드디어 35년간의 혹독한 식민 지배에서 해방이 되었습니다.

독립동맹과 조선의용군은 중국 연안에서, 광복군은 중경에서 각각 국내 진공작전을 계획했으나 이들의 계획은 일본의 항복 선언으로 실천에 옮겨지지는 못했습니다.

해방의 기쁨

8월 15일 아침, 몽양 여운형은 조선총독부 정무총감 엔도에게 치안 유지권 이양을 제의받고, 전국의 정치범 · 경제범 즉시 석방과 3개월 간의 식량 확보, 치안유지와 독립을 위한 활동에 간섭하지 말 것, 학생과 청년 훈련에 간섭하지 말 것, 노동자와 농민 훈련에 간섭하지 말 것을 요구하였습니다.

또한 여운형은 건국 준비 조직을 만들기도 하고, 각계 각층의 지도급 인사에게 협력을 요청했습니다.

9월 8일 미군이 인천에 상륙했습니다. 소련군은 그보다 훨씬 먼저 평양에 도착해, 더 남쪽으로 내려갈 수도 있었으나 미국의 제안을 받아들여 북위 38도선에서 멈추었습니다.

38도선을 경계로 남과 북에 각각 진주한 미군과 소련군은 군정을 선포했습니다.

미군은 자신들의 목표와 요구에 일치하지 않는 단체는 인정하지 않고 폐지함으로써 남한의 유일한 정권 담당자임을 선언했습니다. 그래서 인민공화국과 인민위원회를 인정하지 않았습니다.

서울 시가지를 행진하는 미군

평양에 입성하는 소련군

반면, 소련은 행정권을 인민위원회에 넘겨주고 민정부를 설치, 그를 통해 영향력을 행사했습니다.

한반도에 38도선을 그은 것은 미국의 제안에 의한 것으로, 남북이 나뉘는 시작이었습니다.

분단된 한반도

1948년 5월 10일, 38도선 이남에서는 총선거가 실시되어 198명의 국회의원이 뽑혔습니다.

대한민국 초대 대통령 이승만

5월 31일에는 제헌국회가 열려 국호를 '대한민국'이라 정하고, 7월 17일에는 헌법을 공포했으며, 7월 20일에는 국회에서 초대 대통령에 이승만, 부통령에 이시영이 당선되었습니다.

그리고 마침내 8월 15일에는 정부 수립을 선포했습니다. 같은 날 미군정 폐지가 발표되었습니다.

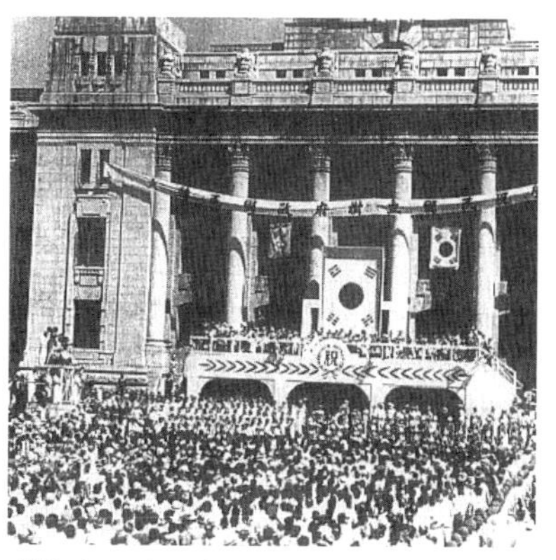

대한민국 정부 수립식

임시 정부의 탄핵을 받아 대통령직에서 쫓겨났던 이승만은 미국의 지원을 받아 대통령이 되었습니다. 친일 경력이 있는 사람들도 그에게 지지를 아끼지 않았습니다.

한편, 또다른 38도선 이북에서는 1948년 9월 9일 조선 민주주의 인민 공화국이 선포되고, 김일성이 초대 수상으로 취임했습니다.

서북 5도 대회를 기점으로 김일성은 정치적 주도권을 잡기 시작했고, 1945년 12월 17일 열린 분국 제3차 확대 집행 위원회에서 책임 비서로 선출되어 북한 내에서 실권을 잡았습니다.

그 후 1946년 2월 8일에는 북조선 임시 인민 위원회를 결성하여 위원장은 김일성, 부위원장은 김두봉이 맡았습니다.

임시 인민 위원회는 무상몰수 무상분배 원칙하에 토지 개혁을 시행했습니다. 가족 수와 가족 중 노동 능력을 가진 자의 수에 따라 분배된 토지는 모든 채무와 부담액이 면제되고 매매, 소작, 저당이 금지되었습니다. 농민은 토지 개혁을 크게 환영했으며, 임시 인민 위원회의 강력한 지지자가 되었습니다.

한편, 남한의 이승만은 1949년 6월 농지 개혁법을 공포하여 식민 시대 일본인 소유의 농지를 사들이고, 그 농지를 농민들에게 싼값에 되팔아 민심을 수습하였습니다. 또한 국가 보안법을 만들어 혼란한 상황을 바로잡았습니다.

근현대

6·25 전쟁

1948년 9월, 북한의 공산주의자들은 북조선 인민 위원회를 '인민 공화국'으로 고치고 정부의 수립을 선포하였습니다.

이와 함께 공산주의자들은 남한을 공산화하기 위해 소련의 지원을 받아 최신 무기를 갖추는 등 비밀리에 군사력을 강화하여 남침 준비 작업에 들어갔습니다. 그리고 마침내 1950년 6월 25일 새벽, 무력으로 남침을 감행하였습니다.

불의의 기습을 받은 대한민국 국군은 병력과 장비가 부족하여 서울이 함락되고, 국군은 낙동강 전선까지 후퇴하였습니다.

그러자 유엔은 즉시 안전 보장 이사회를 열어 대한민국을 지원하기로 결의하였습니다. 그리고 곧 미국·영국·프랑스 등 16개국의 군대로 구성된 유엔군은 국군과 함께 반격을 개시하여 인천 상륙 작전으로 전세를 반전시켰으며, 9월 28일에는 서울을 탈환하고 이어서 38선을 넘어 평양을 함락하고 그 해 겨울에는 압록강까지 진격하였습니다.

인천 상륙 작전 수행 직전의 맥아더 총사령관

그러나 바로 그 시점에 중국이 100만 명의 군대를 보내

전쟁에 개입함으로써 국군과 유엔군은 한때 한강 남쪽으로 후퇴할 수 밖에 없었습니다.

하지만 곧이어 국군과 유엔군의 반격 작전이 전개되었고, 38선 부근에서 전쟁은 교착 상태로 들어가게 되었습니다. 이렇게 전투가 일진일퇴를 거듭하는 가운데 공산군측은 소련의 유엔 대표를 통해 휴전을 제의하였습니다.

공산군측의 휴전 제의에 대하여 우리 정부와 국민은 민족 분단이 영구화될 것을 우려하여 이에 반대하였으나, 1953년 유엔군과 북한측 사이에 휴전이 성립되고 말았습니다.

이승만 정부와 4·19 혁명

6·25를 경험한 이승만은 자유 민주주의 체제를 지키기 위하여 반공을 강조하고, 미국 등 우방 국가와의 외교에 힘을 쏟았습니다.

한편, '자유당'을 창당하고 대통령 직선제로 헌법을 고쳐 대통령 재선에 성공한 이승만은 장기 집권을 위해 다시 헌법을 개정하였습니다. 뿐만 아니라 장기 집권을 위해 독재 정치를 강화한 자유당 정권은 1960년 정·부통령 선거에서 대대적인 부정 선거를 저질렀습니다.

그러자 이에 격분한 학생과 시민들은 부정 선거를 규탄하면서 독재 정권을 타도하기 위해 1960년 4월 19일, 이른바 '4·19 혁명'을 일으켰습니다.

4·19 혁명 시위대의 모습

이승만 정부는 시위 군중을 해산하기 위해 계엄령을 선포하였지만 시위가 사그라들지 않고 연일 계속되자, 마침내 이승만은 대통령직을 사임하였으며, 자유당 정권도 무너지게 되었습니다.

5·16과 박정희 정부

4·19 혁명 후 사회적으로 혼란한 상태가 지속되는 가운데 1961년 5월 16일, 박정희를 중심으로 한 일부 군부 세력이 사회적인 무질서와 혼란을 구실로 군사 정변을 일으켜 정권을 잡았습니다.

그 후 1963년 선거에서 대통령에 당선된 박정희는 강력한 대통령 중심제를 바탕으로 급속한 경제 성장을 우선적인 정책으로 추진하였습니다. 그리고 이러한 경제 성장 정책으로 우리나라는 공업화가 급속

5·16 군사 정변 후의 박정희

히 진행되었습니다.

그러나 장기 집권을 위해 3선 개헌을 강행한 박정희는 국가 안보와 지속적인 경제 성장을 위해서는 강력하고 안정된 정부가 필요하다는 주장을 내세워 장기 집권을 위한 '10월 유신'을 선포하였습니다.

하지만 대통령에게 강력한 통치권을 부여하는 권위주의 통치 체제인 유신 체제는 사회의 전 영역에 걸쳐서 역기능적 현상을 일으켰고, 국내외로부터 강력한 비난을 받게 되었습니다. 마침내 학원가와 언론, 종교, 정계 등 사회 각 분야에서 개헌을 요구하는 시위가 일어나자 이를 막기 위해 박정희는 긴급 조치와 같은 강압적인 방법을 동원하였습니다.

그런데 이로 인해 집권 세력 내부에서도 갈등이 생겨, 1979년 10월 26일 박정희 대통령이 피살되는 10·26 사태가 일어나 마침내 유신 체제는 막을 내리게 되었습니다.

6월 민주 항쟁과 민주주의의 발전

10·26 사태로 정치와 사회가 혼란한 틈을 타 1979년 12월 12일, 이른바 신군부 세력이 지휘 계통을 무시하고 일부 병력을 동원하여 군권을 장악하였습니다. 그리고 나아가 정치적 실권도 장악하였습니다.

5·18 광주 민주화 운동 추모비

이 시기를 전후해서 민주화를 요구하는 시민과 대학생들의 시위가 거세게 일어났는데, 민주화를 열망하는 국민의 요구는 1980년 광주에서 비롯된 '5·18 민주화 운동'으로 이어졌습니다. 이때 민주 헌정 체제의 회복을 요구하는 광주 시민들과 진압군 사이에 충돌이 일어나 이 과정에서 다수의 무고한 시민들이 살상되어 국내외에 큰 충격을 안겨 주었습니다.

국가의 통치권을 장악한 신군부 세력은 7년 단임의 대통령을 간접 선거로 선출하는 헌법을 공포하고는, 1981년 전두환을 대통령으로 선출하였습니다.

전두환 정부는 경제 안정과 수출 증대에 노력하였으나, 민주화 운동에 대한 탄압과 인권 문제, 각종 부정과 비리로 국민의 비난을 면할 수 없게 되었습니다.

그리하여 전두환 정부의 권위주의적 통치와 강압적 통제에 반대하는 국민적 저항이 전국적으로 일어나, 마침내 1987년 '6월 민주 항쟁'으로 발전하게 되었습니다.

그 결과 '6·29 민주화 선언'이 발표되고, 이 선언으로 국회에서는 5년 단임의 대통령 직선제 등을 골자로 하는 헌법이 마련되었습니다. 그리고 그에 따라 대통령 선거가 실시되어 1988년 노태우 정부가 수립되었습니다.

한편, 이 해에 우리나라에서는 제24회 서울 올림픽 대회가 성공적으로 개최되어 우리나라의 국위가 전 세계에 널리 선양되었습니다.

서울 올림픽 대회 개막식의 성화 모습(사진 위)과 폐막식 모습

노태우 정부에 이어 문민정부를 표방하는 김영삼 정부가 들어서 공직자의 재산 등록, 금융 실명제 등을 법제화하고, 지방 자치제를 전면적으로 실시하였습니다. 그러나 국제 경제 여건의 악화와 외환 부족으로 인해 1997년 'IMF(국제 통화 기금) 사태'라는 국가적인 큰 경제적 위기를 맞게 되었습니다.

그 후 1998년, 김대중이 대통령에 취임하면서 야당에 의한 평화적 정권 교체가 처음으로 이루어졌습니다. 그리고 경제 체질 개선 등 김대중 정부의 다각적인 외환 위기 극복을 위한 노력으로 2001년, 마침내 우리나라는 외환 위기에서 탈출할 수 있었습니다.

그 뒤를 이어 대통령에 당선된 노무현은 참여 민주주의를 표방하며 권위주의를 청산하기 위한 노력을 기울였습니다.

그런가 하면 2002년 우리나라에서 열린 한·일 월드컵 축구 대회에서 우리나라는 4강에 오르는 놀라운 기적을 보여 주는 한편, 전 국민이

하나가 되어 붉은 옷을 입고 "대한민국!"을 외치는 뜨거운 응원으로 전 세계인에게 놀라움과 큰 감동을 선사하기도 하였습니다.

평화 통일을 위한 노력

북한은 1994년 갑작스런 김일성의 사망 후 김정일이 최고 권력자의 자리에 올랐습니다. 김정일은 선군정치를 내세우며 핵과 미사일을 개발하였습니다. 그러나 김정일 또한 군정을 실시하다가 2011년 갑자기 사망하자, 아들 김정은이 3대 세습을 하였습니다.

김대중 정부는 '햇볕 정책'으로 교류와 협력을 통한 남북 관계 개선을 대북 정책의 목표로 내세워 1998년에 금강산 관광이 시작되었고, 경제 교류 및 대북 식량·비료 지원도 크게 증가하였습니다.

그 결과 2000년 6월, 마침내 분단 이후 최초로 남한의 김대중 대통령과 북한의 김정일 국방 위원장이 평양에서 '남북 정상 회담'을 갖고 '6·15 남북 공동 선언'을 발표하였습니다.

개성 공업 지구

그리고 이를 계기로 이산가족 상봉과 서신 교환이 이루어졌으며, 경의선 복구 사업, 개성 공단

건설 등과 같은 남북한 교류와 협력이 활성화되었습니다.

노무현 정부 또한 김대중 정부의 햇볕 정책을 이어받아 대북 지원 사업을 계속해 나갔으며, 2007년 평양에서 제2차 남북 정상 회담이 개최되었습니다.

그러나 북한의 핵실험과 금강산 피격 사건 그리고 2010년의 천안함 공격과 연평도 포격 사건으로 인해 남북 관계가 급격한 냉기류를 타기도 하였습니다.

뿐만 아니라 북한은 3대 세습과 인권 문제 등으로 국제 사회로부터 끊임없이 비난을 받고 있습니다.

그러나 북한의 이러한 끊임없는 도발에도 불구하고 우리나라는 무력에 의한 북진 통일 방식을 취하지 않고, 평화 통일을 위하여 계속적인 노력을 기울이고 있습니다.

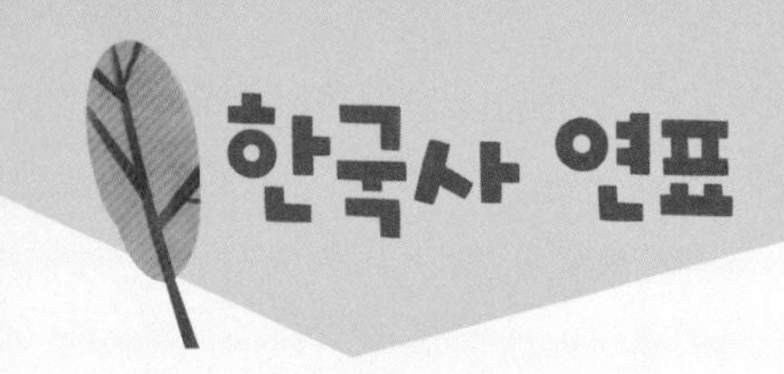

한국사 연표

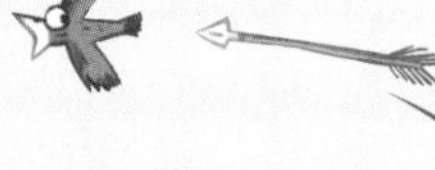

고조선

기원전 2333년 고조선 건국
기원전 194년 위만, 준왕을 몰아내고 새 왕조 세움
기원전 108년 고조선 멸망

삼국 시대

기원전 57년 신라 건국
기원전 37년 고구려 건국
기원전 18년 백제 건국

기원후
42년 금관가야 건국
313년 고구려, 낙랑군 멸망시킴
371년 백제 근초고왕, 고구려를 공격하여 고국원왕이 전사함
396년 고구려, 백제 수도 한성을 포위, 아신왕의 항복을 받아냄
427년 고구려, 평양으로 도읍을 옮김
538년 백제, 사비성으로 도읍 옮김
552년 백제, 일본에 불교를 전함
612년 고구려, 수나라 공격을 받아 승리함(살수 대첩)
642년 백제 의자왕, 신라를 공격하여 40개 성을 함락시킴
645년 고구려, 당의 공격을 받아 물리침(안시성 싸움)
660년 백제 멸망
668년 고구려 멸망

조선 시대

1392년 조선 건국
1394년 한양으로 도읍을 정함
1413년 호패법 실시
1441년 측우기 제작
1446년 훈민정음 반포
1485년 〈경국대전〉 펴냄
1498년 무오사화
1504년 갑자사화
1519년 기묘사화
1545년 을사사화
1592년 임진왜란, 한산도 대첩
1593년 행주 대첩
1597년 정유재란, 명량 해전
1623년 인조반정
1627년 정묘호란
1636년 병자호란
1725년 탕평책 실시
1776년 규장각 설치
1801년 신유박해
1811년 홍경래의 난
1860년 최제우, 동학 창시
1861년 김정호, 〈대동여지도〉 완성
1863년 고종 즉위, 흥선 대원군 집권
1865년 경복궁 중건
1866년 병인박해, 병인양요
1871년 신미양요
1875년 운요호 사건
1876년 강화도 조약 체결
1882년 임오군란
1884년 갑신정변, 우정국 설치
1894년 동학 농민 운동, 갑오개혁
1895년 을미사변
1896년 아관파천, 독립 협회 설립

남북국 시대

676년 신라, 삼국 통일
698년 발해 건국
900년 견훤, 후백제 건국
901년 궁예, 후고구려 건국

918년 왕건, 고려 건국
926년 발해 멸망
935년 신라 멸망

고려 시대

936년 고려, 후삼국 통일
993년 서희의 외교전으로 거란의 침입을 물리치고 강동 6주 획득함
1019년 강감찬, 귀주 대첩으로 거란을 물리침
1107년 윤관, 여진 정벌
1126년 이자겸의 난
1135년 묘청의 난, 서경 천도 운동
1170년 무신정변
1176년 망이·망소이의 난
1198년 만적의 난
1231년 몽골의 1차 침입
1232년 강화도로 수도를 옮김
1234년 금속 활자로 〈상정고금예문〉 인쇄
1236년 팔만대장경 조판 시작(1251년에 완성됨)
1270년 개경으로 수도를 다시 옮김, 삼별초 항쟁
1285년 일연 〈삼국유사〉 완성
1359년 홍건적의 침입
1376년 최영, 왜구 정벌
1388년 이성계, 위화도 회군
1392년 고려 멸망

대한 제국

1897년 대한 제국 선포
1904년 한·일 의정서 맺음
1905년 을사조약
1907년 헤이그 밀사 파견, 고종 황제 퇴위
1908년 동양 척식 주식회사 설립
1909년 안중근, 이토 히로부미 사살
1910년 일본에게 나라의 주권을 빼앗김 (한일 합병)
1912년 토지 조사 사업 실시
1919년 3·1 만세 운동, 대한민국 임시 정부 수립
1920년 봉오동·청산리 전투
1932년 이봉창·윤봉길 의거

근현대

1945년 8·15 해방
1946년 제1차 미·소 공동 위원회 개최
1948년 5·10 총선거 실시, 대한민국 정부 수립
1950년 한국 전쟁 발발
1953년 휴전 협정 체결
1960년 4·19 혁명
1961년 5·16 군사 정변
1979년 10·26 사태
1980년 5·18 광주 민주화 운동
1987년 6월 민주 항쟁
1988년 서울 올림픽 개최
1997년 IMF 외환 위기
2000년 남북 정상 회담, 6·15 남북 공동 선언
2002년 한·일 월드컵 개최
2007년 제2차 남북 정상 회담